Súper Mamás, S.A.:

¡Trabaje Desde Casa, Cree Un Negocio Provechoso En Su Hogar y Encuentre Tiempo Para Su Familia Cuando Tiene Hijos Que Cuidar!

Carolyn Woods

Contenidos

Introducción

Mi Historia

Esta historia comienza hace poco más de 12 años, cuando nació mi hija. He trabajado durante años en empleos que requerían que viajara todo el tiempo pero no podía volver a esa vida una vez que mi pedacito de felicidad llegó a casa desde el hospital. Realicé entrevistas para varios puestos nuevos pero todos ellos requerían que viajara, ¡y ya no estaba dispuesta a ello!

En ese momento, decidí que era tiempo de encontrar una forma de pagar las facturas sin recurrir a un trabajo tradicional. Ya han pasado más de doce años desde que empecé esta historia y ahora tengo cuatro hijos, una casa y soy capaz de proporcionar sustento a mi familia mientras trabajo a medio tiempo desde mi casa.

Aún recuerdo el enorme alivio que sentí cuando mi hijo mayor contrajo la varicela con 11 meses de edad y no tuve que llamar y dar explicaciones a un jefe furioso de por qué no iba a ir a trabajar durante los siguientes 10 días. ¡Ya estaba trabajando desde casa, así es que no supuso un gran impacto para nadie! Cuando mis gemelos nacieron tuve que pagar costosas facturas médicas ya que mi seguro médico no cubría nada relacionado con el embarazo ni con el parto, así que contraté a una niñera a tiempo completo que me ayudaba con los bebés y hacía encargos y yo pude trabajar a tiempo completo haciendo consultorías desde mi casa durante un par de años para poder pagar todo. Posteriormente reduje mi horario para poder llevar y traer a los niños de la escuela. Poco después surgió la necesidad de retirar de la escuela a uno de mis hijos y recorté mi horario de trabajo aún más para poder pasar tiempo con él y tener disponibilidad para acudir a todas las citas que tenía durante la semana. Mientras escribo esto, mis hijos están en casa porque tienen vacaciones en la escuela y he ajustado mi horario para poder hacer la mayor parte de mi trabajo temprano en la mañana, mientras se levantan y ven un programa de televisión. ¡Luego ya estoy libre para divertirnos el resto del día!

Cómo Usar Este Libro

Este libro está dividido en dos secciones principales: Desarrollar Su Plan y Diseñar Su Negocio.

En "Desarrollar Su Plan", hablaremos sobre distintos aspectos referentes a la puesta en marcha de su negocio, incluyendo la opción de un empleo tradicional y formas de reducir gastos. También hay algunas hojas de trabajo para ayudarle a definir su plan de negocios personal.

Puede que se esté preguntando por qué incluir una parte que hable sobre gastos. No olvide que pueden pasar semanas o meses para que un negocio despegue, así es que si se puede dar un poco de tiempo para arrancar sin llegar al pánico financiero, ¡eso es bueno! Cualquier cosa que pueda hacer con anticipación para ahorrar, reducir gastos corrientes y retrasar nuevas compras es buena durante este período inicial. Si siente menos presión financiera, puede mantenerse centrada en crear un negocio en lugar de preocuparse por saber de dónde vendrá su próximo cheque.

También he incluido un capítulo sobre flujo de caja de emergencia, que son cosas que puede hacer si tiene un hueco financiero que cubrir. Lamentablemente, estos son métodos de emergencia, así es que no podrán funcionarle durante mucho tiempo o muy a menudo pero pueden ayudarle cuando los necesite para superar una mala racha.

La sección de "Diseñar Su Negocio" cubrirá muchas formas de ganar dinero mientras mantiene a sus hijos como su primera prioridad. Todas han sido hechas, ya sea por mí o por alguien a quien conozco, así es que han sido probadas en el mundo real y son viables (¡a diferencia de algunas de las oportunidades que existen basadas en Internet!) Algunas de las opciones le permitirán trabajar desde casa o llevar a los niños con usted y algunas necesitarán un poco de tiempo sin los niños, como por ejemplo mientras están en la escuela o en algún tipo de programa de cuidado infantil, de intercambio o que se los deje a algunos amigos o familiares.

Utilice estas ideas como punto de partida. ¡Puede combinar múltiples ideas con sus fortalezas y habilidades y puede llegar a tener un negocio único que se ajusta perfectamente a sus necesidades!

Poner en Marcha Su Negocio

Se necesita tiempo y concentración para comenzar un negocio, así que le recomendaría que lea esta guía, tome algunas opciones y luego elija una para empezar y brindarle toda su atención. Una vez que vaya progresando ya podrá agregar otras actividades, de una en una. Si extiende su enfoque hasta algo muy lejano, ¡nada sucederá! En su lugar piense en esto como en la construcción de un rascacielos. Necesita que el primer nivel esté estable antes de empezar a agregarle más niveles a su edificio, así que cerciórese de que está seguro antes de centrar su atención en el siguiente nivel.

Por favor no se salte la sección sobre cómo determinar cuántos ingresos necesita realmente y los puntos donde se habla de las formas para reducir sus necesidades porque ¡reducir gastos se traduce en menos tiempo trabajando y más tiempo para su familia! Una vez tenga establecidos sus parámetros, continúe leyendo los capítulos con ideas específicas que pueda implementar para desarrollar su propio plan de negocio en casa.

¡Ahora, tome papel y lápiz o una laptop para hacer anotaciones y empiece!

Desarrollar Su Plan

1

¿Qué Le Parece un Trabajo Tradicional?

Cuando las mamás quieren trabajar desde sus casas, una de las primeras cosas que con frecuencia hacen es empezar a buscar un empleo tradicional desde casa o un empleo a tiempo parcial. Aunque esto pueda parecer fácil, dado que es probable que haya estado en el mercado laboral durante años, los puestos de trabajo desde casa son muy competitivos y los engaños abundan. Pero si cree que esta puede ser la oportunidad adecuada, siga leyendo y hablaremos sobre cómo encontrar los puestos legítimos que hay en el mundo que nos rodea.

Primero, aquí tiene los pros y los contras que se me han ocurrido si se tiene un empleo tradicional desde casa:

Pros:

- Pago regular e impuestos deducidos.
- Sin período de aumento, usted recibe su pago de inmediato.
- Similar a tener un empleo tradicional de oficina, usted tiene unas horas específicas en las que estar disponible y tiene los materiales necesarios para completar su trabajo.

Contras:

- Generalmente no muy flexible en términos de horas y registro de esas horas.
- Algunas personas descubren que trabajar desde sus casas es demasiado solitario o tienen problemas para permanecer organizadas y concentradas cuando están rodeadas de platos que necesitan lavarse o de otras tareas domésticas no completadas.

Un puesto de trabajo tradicional puede tener mucho sentido dado que nos permite tener más tiempo para estar con la familia y no tendremos la necesidad de tener que crear un negocio por nuestra cuenta para ganar dinero. La parte mala es que es necesario trabajar ajustándose a los requisitos del empleo, que pueden o no ajustarse a los suyos propios. Primero le animaría a que empezara con el capítulo titulado "Creando Su Plan". Piense en los ingresos y en el estilo de vida que mejor funcionarían con su familia. Luego, cuando encuentre una oportunidad laboral tradicional, podrá ver si se ajusta bien al estilo de vida que está en proceso de crear. Puede que sea demasiado estructurado o que sea de muy pocas horas o que requiera de alguna tarde ocasional que no querrá hacer. O puede que sea la piedra angular de su nuevo y mejorado estilo de vida, ajustándose al momento del día y situación en que esté disponible y que complete uno de sus bloques de ingresos a la perfección.

Aquí tiene los pasos sugeridos para llevar a cabo el objetivo de localizar un puesto de trabajo tradicional a tiempo parcial o desde casa:

Hable con su actual empleador

Si tiene un puesto de trabajo que estaría dispuesto a continuar llevándolo a cabo desde casa (al menos una parte del tiempo) o a tiempo parcial, hable con su empleador antes de hacer otra cosa. Es más probable que la gente que ya la conoce quiera trabajar con usted en un puesto modificado que aquella gente que no la conoce.

Programe una reunión con su jefe y hágale una propuesta en persona de cómo podría ser. Necesitará incluir las horas que trabajará (¿cuándo estará disponible? ¿Seguirá trabajando a tiempo completo o querrá reducir las horas? ¿Tiene alguna sugerencia para un trabajo compartido u otra opción creativa?), sus responsabilidades (¿hay alguna que no pueda hacer desde otro lugar? ¿Seguirá apareciendo en las reuniones de personal o en otros eventos habituales?) y su remuneración (¿cambiará?). Presente sus sugerencias pero no se disguste si dicen que no o si necesitan tiempo para pensarlo. Una vez que hayan tenido tiempo puede que vuelvan con un sí o con un plan modificado. Recuerde que siempre puede crear un negocio de complemento o buscar un nuevo puesto de trabajo desde casa si este no resulta, así que mantenga una buena actitud mientras está tratando de negociar con su actual empleador.

Encontrar Empleos Legítimos En Línea

Existen muchísimos sitios web que ofrecen información sobre puestos de trabajo "legítimos" desde casa, la mayoría de ellos con un directorio que puedes comprar a cambio de una tarifa.

Sin embargo, la experiencia dice que:

- La mayoría de los trabajos a tiempo parcial giran en torno a una necesidad especial o una persona, en lugar de estar siempre disponible. Para encontrar estas posiciones, su mejor opción es por un amigo o un reclutador que le recomiende a usted a la compañía contratadora. Inscríbase con reclutadores de su área (recuerde, ¡los reclutadores legítimos no le cobrarán una tarifa!) y asegurarse de que todos sus amigos sepan que está en el mercado, así que podrán recomendarla si surge la oportunidad.

- Los empleos legítimos normalmente se anunciarán a través de los sitios de empleo o reclutadores habituales. Pase tiempo en los grandes sitios de empleo como Monster (http://www.monster.com/), Indeed (http://www.indeed.com/), CareerBuilder (http://www.careerbuilder.com/), y sitios locales de empleo como Craigslist (http://www.craigslist.org).

Resumen del Capítulo

Los empleos legítimos a tiempo parcial y desde casa están ahí fuera pero suponen una parte muy pequeña del mercado así que probablemente necesitará algo de paciencia.

Para localizar un puesto de trabajo a tiempo parcial o desde casa, primero hable con su actual empleador (si lo tienes) para ver si ajustarán su empleo actual para atender sus nuevas necesidades. Si no resulta, concéntrese en los sitios importantes de empleo en línea en lugar de comprar un directorio en línea.

2

Cosas Que No Funcionaron

En mis 12 años de experiencia como mamá que trabaja desde casa, he probado MUCHAS y diferentes opciones para ganar dinero. Aquí tiene algunas de las opciones que no me funcionaron – lo cual no significa que no se pueda ganar dinero con ellas, pero creo que les di una oportunidad y ninguna cubrió mis costos.

Venta Directa y Planes de Reuniones para Ventas

Creo que casi cualquier persona que he conocido ha intentado uno de los planes de reuniones para venta al menos una vez en su vida y de todas las personas con las que he hablado de ello, solo conozco una que realmente obtiene beneficios razonables (me ha dicho que gana de 1.000$ a 2.000$ al mes y organiza varias reuniones cada semana). Para mí, esa tasa de éxito (¡una de entre un montón!) no cumple el criterio de "un buen negocio en el que participar". Sin embargo, son populares (hay excelentes productos), suena como si fuera fácil, ¡y existen muchas opciones! Pero comprenda que no puedo recomendar este tipo de trabajo a no ser que usted quiera comprar muchos de productos de estos y obtener un buen descuento.

Para aquellas de ustedes que pese a lo comentado quieran probarlo, hace unos años realicé una serie de entrevistas con madres que vendían a través de estos planes. Aquí está un resumen de lo que aprendí:

En la mayoría de los casos debe comprar un kit para comenzar que contiene artículos para vender y muestras del producto. El precio oscila entre 100$ y 300$.

1. Usted reserva reuniones o vende productos y gana una comisión sobre los resultados. Si los productos se venden a través de las reuniones, su clave para el éxito es obtener reservas para reuniones adicionales en cada evento (las personas que entrevisté dijeron que los regalos generosos para las anfitrionas son una gran ventaja para esto). Si vende directamente, su clave para el éxito es vender a más personas o más productos a los clientes actuales (unas buenas estrategias aquí son mantener un excelente contacto y ofrecer un producto consumible), además generalmente se le paga una comisión sobre las ventas que realicen representantes que se inscribieron a través de usted (también querrá desarrollar sus habilidades para reclutar).
2. Muchos de estos programas tienen cantidades mínimas mensuales que debe alcanzar para mantener una representación.
3. Algunos de estos programas tienen tarifas mensuales continuas, por ejemplo para un sitio web.

4. Muchos de estos programas tienen restricciones sobre la forma en que comercializa o vende su producto, así como también sobre los lugares en los que se puede o no vender (una restricción frecuente es que no se permiten subastas en línea).

5. Algunos programas no quieren que usted trabaje para otros planes. Sin embargo, puede que quiera tener más de un programa (asumiendo que puede alcanzar los requisitos mensuales mínimos) a fin de tener más razones para mantener contacto con sus clientes. Por ejemplo, si vende suministros para una reunión a una cliente, quizás ésta necesite también un obsequio para su reunión además de necesitar obsequios para otras reuniones que realice a lo largo del año. Tiene la oportunidad de incrementar sus ventas y, manteniendo el contacto con sus clientes para ver si necesitan obsequios, obtendrá referidas que necesiten suministros para las reuniones).

¿Aún le sigue pareciendo interesante?

Aquí tiene una lista de preguntas para hacer antes de que seleccione la compañía con la que va a trabajar, para asegurarse de que es la mejor opción para usted:

1. ¿Le apasiona el producto? ¿Lo disfrutará?
2. ¿Se imponen cuotas o territorios?
3. ¿Cuál es el costo para comenzar? ¿Existe un kit? ¿Tiene que comprar soportes para el negocio y un inventario? ¿Puede obtener los kits de inicio o un inventario de bonificación cuando comienza? ¿Cuánto tiempo y dinero tiene que invertir antes de empezar a tener beneficios?
4. ¿Cómo realiza pedidos? ¿Cómo funciona la escala de comisiones? ¿Tiene que realizar un mínimo de pedidos para obtener la comisión completa o la recibe también

por pedidos pequeños? ¿Puede realizar únicamente pedidos de cierto volumen? ¿Puede realizar pedidos en línea, por teléfono o por fax? ¿Qué tal es el soporte de ventas? ¿Puede realizar pedidos cualquier día del mes o debe esperar a que las campañas acaben?

5. Inventario - ¿Tiene que llevar uno?

6. ¿Cuáles son los incentivos? ¡Esto es lo divertido! ¿Qué tiene que hacer para ganar productos gratis cada mes? ¿Qué calidad tienen? ¿Son cosas que puede aplicar a su negocio? ¿Están disponibles los programas de viajes y recompensas para todo el mundo y a todos los niveles?

7. ¿Hay un programa de recompensas para la anfitriona? ¿Querrá una anfitriona reservar con usted? ¿Es valioso? ¿Quién paga por ello?

8. ¿Cuál es el plan de compensación? ¿Puede ganarse la vida como nueva consultora con dinero inmediato? ¿Qué tiene que hacer para llegar al siguiente nivel? ¿Cuánto más ganará a medida que aumenta su nivel administrativo? ¿Cuánto tardará en ganar ingresos residuales y bonificaciones? ¿Tiene alguna cuota o mínimo? ¿Cuándo y cómo recibe las comisiones?

9. ¿Cuál es la información de la compañía? ¿Cuánto tiempo lleva la compañía haciendo negocios? ¿Cuál es su historial en la BBB? ¿Es miembro de la Asociación de Venta Directa? ¿La compañía está libre de deudas? ¿Cuál es su ritmo de crecimiento anual/trimestral? ¿Su zona está saturada de representantes o hay espacio para avanzar y ofrecer un servicio único? ¿Cuántos consultores/representantes de ventas hay en el país? ¿Cuántos consultores/representantes de ventas hay en la zona local? ¿Cuáles fueron las ventas brutas de los últimos 2 años y cuáles son las ventas estimadas para este año?

10. ¿Los productos son únicos y consumibles? ¿Tienen buena calidad? ¿Los usará y le gustarán? ¿Cuál es la oferta y la demanda?

11. ¿Cuál es su línea ascendente? ¿Cuánto tiempo lleva su patrocinadora en el negocio? ¿Ha tenido éxito? ¿Qué nivel de compromiso tienen con sus negocios y con el éxito? ¿Hay reuniones o conferencias telefónicas en las que pueda participar? ¿Cómo es la capacitación? ¿La patrocinadora tiene un sistema establecido que se pueda copiar? ¿Es exitoso?

12. ¿Existe una buena capacitación y soporte corporativo? Lo último que desearía sería que la dejaran abandonada a su suerte a la hora de empezar un nuevo negocio.

13. ¿La reunión es sencilla y duplicable? Con una presentación corta y sencilla, su audiencia se siente atraída, no aburrida. Sus ventas se incrementan porque se quedarán durante toda la presentación y su patrocinio se incrementará porque observarán y pensarán: "Esto es fácil, ¡yo también puedo hacer esto!"

14. ¿Hace usted las entregas o ellos realizan el envío a la anfitriona?

15. ¿Qué gastos mensuales tiene?

16. ¿Qué cosas son gratis? Piense en páginas web, provisiones, formularios, boletines de noticias, realización de pedidos en línea y uso de los sitios web de la compañía.

17. ¿Necesita una tarjeta de crédito, débito o cuenta corriente para unirse?

18. ¿Tiene que asistir a los congresos o reuniones?

19. ¿Cuánto vende una consultora media en un mes? ¿Cuántas horas de trabajo se necesitan para ganar la cantidad media de ventas al mes?

20. ¿Cómo puede comercializar su negocio desde casa? ¿Puede colocar anuncios en la prensa o revistas locales o nacionales? ¿Puede promoverse o anunciarse en Internet? ¿Puede realizar ventas *Cash & Carry* en exposiciones, ferias o muestras? ¿Puedo crear mis propios materiales, como volantes y tarjetas de presentación? (si puede, esto le ahorrará mucho dinero). ¿Puede hacer su propio sitio web, o debe pagar

por un sitio web a través de la compañía? ¿Hay disponibles sitios web individuales? Si es así, ¿cuál es el costo? ¿La compañía proporciona o vende productos de marketing, como catálogos, tarjetas de presentación, imanes, etc.?

21. ¿Puede vender productos de otra compañía de Venta Directa?
22. ¿La compañía respalda sus productos? ¿Existe una política de devolución?
23. ¿Cuántos niveles son de distribución de dinero?
24. ¿Hay reuniones de capacitación locales o usted se tiene que valer por sí misma?
25. ¿Qué hay incluido en el kit inicial? ¿Puede reducir o aumentar el kit (y cambiar su inversión inicial)?

Recuerde, si acudiera a un empleo, nunca tendría que pagar a sus jefes por trabajar para ellos, ¡así que no acepte un empleo en el que tenga que pagar cada mes por trabajar o por unirse! Una cosa es obtener un kit o productos para mostrar, como la mayoría de los planes que existen por ahí, ¡pero no caiga en ningún engaño!

Sitios Web, Blogs y Boletines de Noticias

Pongo juntos estos tres porque todos ellos generan ingresos procedentes de comisiones sobre las ventas de productos o referidos.

Existen muchas guías de este tipo de negocios disponibles en Internet (¡la mayoría por un precio!). Aquí tiene un resumen del programa básico:

1. Seleccione un tema o un tópico para su sitio o blog. Lo ideal es que sea algo en lo que usted tenga experiencia y le atraiga y que sea también algo que despierte cierto interés, basándose en las búsquedas de Internet. Para averiguar el número de búsquedas, utilice la herramienta de palabras clave de Google AdWords, que actualmente se encuentra en https://adwords.google.com/. Busque el enlace "Obtener Ideas para Palabras Clave" y haga clic en él. No hace falta inscribirse para usarla.

Para usar la herramienta:

En el recuadro superior "palabra o frase", escriba las palabras o frases relacionadas con su tema clave para conocer cuáles tienen más búsquedas. Por ejemplo, para un sitio web del mismo tema que este libro, podríamos escribir "trabajar desde casa" y "negocio desde casa". Cada frase o palabra a buscar va en una línea aparte y para ello pulse la tecla *Intro* entre ellas. Introduzca los caracteres que aparecen en la imagen y haga clic en "buscar".

Para obtener las mejores palabras o frases para su sitio, póngase en la piel del comprador. Si realmente quisieran un libro como el suyo, ¿qué tipo de cosas buscarían para intentar encontrarlo? Una vez que encuentre algunos términos de búsqueda que se adapten a su libro y que tengan un elevado número de búsquedas, ¡lo habrá encontrado!

En la parte baja de su pantalla, verá cada una de sus palabras y frases y el número de búsquedas mensuales de cada una. Esto le permitirá optimizar su título basándose en las palabras clave más usadas para buscar información sobre el tema del que va a escribir.

2. Cree un sitio o un blog sobre el tema que haya seleccionado a partir de su investigación. Querrá usar sus palabras clave en la dirección de su sitio y/o en el nombre del blog. Google trata los guiones como un espacio, así que no dude en usar guiones en su nombre. Por ejemplo, si sus palabras clave son "Aprenda Español Rápido", querrá crear un sitio web con la dirección aprenda-español-rapido.com. Dado que atraerá a la mayor parte de la gente a través de enlaces, vaya más allá si necesita una dirección con sus palabras clave. Si aprenda-español-rapido.com está ocupada, al final puede que en su lugar se quede con aprenda-español-rapido-y-facil.com.

3. Escriba muchas páginas con contenido (digamos más de 20) o publique de forma regular en su blog (la mayoría dicen que al menos semanalmente) con mucho contenido sustancial que proporcione información sobresaliente para las personas que estén interesadas en el tema. O haga ambas cosas – la situación ideal es un sitio "carnoso" que consiga mucho tráfico procedente de los motores de búsqueda combinado con un recuadro en cada página para inscribirse en su boletín de noticias o blog y poder mantenerse en contacto con su audiencia y enviarles información de forma continua acerca del tema.

4. Incluya enlaces ocasionales a productos o sitios de calidad que recomiende en su sitio o en sus publicaciones en el blog. Asegúrese de que los productos o sitios sean aquellos que cree que puedan resultar útiles o que sean de interés para su público objetivo o que reciba una comisión o tarifa de afiliado cuando se realicen compras.

5. Céntrese en crear tráfico (lo que debería ser fácil debido a la alta calidad de su contenido – ¡aunque existe muchísima competencia ahí afuera!) y a medida que su tráfico y lectores aumenta, también lo harán sus ventas y beneficios.

Parce fácil, ¿verdad? Sospecho que para alguna gente así es, pero personalmente no lo vi para mí el continuar publicando semana tras semana artículos informativos de alta calidad por muy poco dinero (mis mayores ingresos en una semana probablemente no llegaron a los 100$). Si usted es una excelente escritora y tiene un tema que le apasiona, esta podría ser una opción excelente, pero para la mayoría de nosotras no.

Resumen del Capítulo

Existen muchas y excelentes oportunidades de negocio por ahí pero aquí tiene dos de las más comunes que creo que no son tan buenas:

- Planes de reuniones para ventas

- Sitio web o blog basados en información

Estas podrían ser unas oportunidades increíbles si quiere resultados que no sean basados estrictamente en las ganancias - comprar productos y obtener un descuento o encontrar personas que les guste lo que a usted le apasiona – pero personalmente no logré que me aportaran un beneficio a cambio de mis esfuerzos.

3

¡Reduzca Esos Gastos!

Sé que muchas de ustedes estarán poniendo los ojos en blanco en este punto, pensando que este libro se supone que trata de ganar dinero, ¡no de gastar menos! Si los ingresos de su pareja pueden mantener por completo a su familia y está buscando algo de dinero extra para poder pagarse unas vacaciones exóticas, entonces puede saltarse este capítulo. Pero la mayoría de nosotras tiene algo de presión financiera y si puede reducir sus gastos, esa presión se aligera. En mi caso, soy la única que da sustento a mis cuatro hijos y reducir los gastos fue la única manera de que pudiera tener tiempo libre para pasarlo con ellos.

Muchas de sus situaciones estarán en el medio de estos dos casos, pero probablemente descubrirá que centrarse menos en las "cosas" y más en el tiempo con la familia, hará que su vida sea más feliz. Una de las formas más sencillas de hacer esto es reducir lo que necesita, así que no necesitará tanto tiempo trabajando para pagar esas necesidades. Reducir lo que gasta puede reducir mucho la presión que tiene en las fases iniciales de la creación de su negocio y puede incluso cambiar sus objetivos.

Para comenzar, sume todo lo que ha gastado durante los dos últimos meses, para que sepa realmente lo que pasa (al contrario que las cantidades mínimas que probablemente tenga en su cabeza). Luego, examine cada área y vea si puede reducirla. Tendrá la motivación de que alcanzará sus objetivos de forma más rápida.

Aquí tiene una hoja de trabajo que puede rellenar con sus gastos actuales. Escriba el mes en la columna de la izquierda y algunas categorías generales de gastos en la segunda columna. Sume lo que gastó en cada categoría durante el último mes y escriba en la columna "$ Gastados" con esos totales. Asegúrese de que totaliza la cantidad gastada cada mes de forma que esté segura de incluir todo.

Mes	Tipo de Gasto	$ Gastados	$ Objetivo
Total de mes:			

Una vez que sepa a dónde se van sus ingresos, lea el resto del capítulo y piense algunas ideas para evitar que sus gastos sigan aumentando. Luego, piense un objetivo para cada área y rellene la columna final con él.

En los próximos meses, rellene las tres primeras columnas con sus gastos actuales y ponga esos objetivos en la cuarta columna. Luego, evalúe cada área y vea cómo lo está haciendo. Si no está cumpliendo sus objetivos, puede que necesite cambiarlos o puede que necesite pensar nuevas acciones para reducir sus gastos mensuales para poder alcanzar sus objetivos.

Este seguimiento puede ser más sencillo si utiliza una herramienta como Quicken. Se conectará con la mayoría de los bancos y tarjetas de crédito y descargará sus gastos de forma automática. Si introduce un presupuesto en el programa, puede imprimir un informe al final del mes en lugar de tener que ir añadiendo todo.

Aquí tiene algunas ideas para reducir muchos de los gastos comunes:

Hipoteca

Probablemente merece la pena llamar a su banco local si lleva con el mismo préstamo durante más de dos años para ver si pueden ahorrarle algo de dinero con una tasa de interés más baja. Las tasas y programas cambian constantemente y puede que se ahorre algo de dinero cada mes con un pequeño esfuerzo.

Servicios

Se requiere un nivel básico de servicios, pero si tiene bastante margen para actuar. ¿Tiene un temporizador en su termostato para que su calefacción o aire acondicionado no funcione tanto cuando todos estén fuera? ¿Puede ahorrarse dinero en servicios de la compañía de cable reduciendo sus caracterísítica contratadas o comprando uno de los planes conjuntos? Yo tengo un plan que combina el teléfono/llamadas a larga distancia/TV por cable/Internet que me cuesta un poco menos que si contratara los servicios de forma separada. Quizás pueda cambiar la programación del riego o incluso colocar algún tipo de césped con un aspecto alternativo y reducir su factura mensual del agua.

Comestibles

Esta es una de las áreas de gasto más controlables.

He leído muchas guías para usar cupones y he visto ejemplos extremos de lo que se puede hacer con mucha planificación, pero mi experiencia fue que el principal beneficio de usar cupones fue permitirme comprar artículos de marca por el mismo precio que los que no tenían marca. Para mí eso no merecía la pérdida de tiempo.

En su lugar, llevo un registro en una libreta de los precios de comestibles que compro regularmente. Tengo que decirle que la primera vez que oí esta idea, pensé que era demasiado estructurada y tonta para mí, pero ha sido de gran ayuda. ¡Cuando veo una oferta que me parece atractiva, reviso mi libreta para asegurarme de que no me están engañando! Entonces, cuando encuentro una oferta realmente buena, lo sé. Miro los anuncios de ofertas de comestibles sobre artículos más caros, como por ejemplo la carne y después de revisar mi libreta para asegurarme de que es una buena oferta, compro grandes cantidades si tiene un precio muy rebajado. Puedo repartir la carne en porciones para una sola comida en bolsas Ziploc y colocarlas en el congelador para sacarlas fácilmente en la mañana y que se descongelen para la cena.

Compro productos de temporada porque los precios son más bajos y compro muy poca comida procesada. Para mi sorpresa, descubrí que tardo solo unos pocos minutos más en hacer cosas como muffins desde cero en lugar de usar una mezcla preparada y el precio es casi la mitad. Ahorro mucho más haciendo mi propio pollo piccata (porque resulta que solo lleva cinco ingredientes) en lugar de la gran caja del Sam's Club y además tengo la opción de hacerlo más saludable (usando piezas de pollo que yo elija y usando menos mantequilla). Hacer mi propia masa de pizza me lleva solo 15 minutos y una hora para que crezca – y realizo una receta suficiente para 8 pizzas. Se congela muy bien y puedo sacar una bolsa de masa de pizza en cualquier momento que queramos una pizza casera.

También hago comidas más grandes y congelo lo que sobra para no tener que cocinar todas las noches. Vuelvo a envasar cosas como los restos del pollo para hacer burritos o enchiladas y así que no parezca que comemos siempre lo mismo una y otra vez.

Mis hijos pasaron por una fase en la que querían ser vegetarianos y gracias a eso, descubrimos muchos platos sanos y económicos basados en habas que ahora comemos de forma regular.

¡Puede pasárselo bien con ello! A mis niños les gusta conseguir las Happy Meals de McDonald's. Aunque ni siquiera parece que les guste demasiado la comida o los juguetes, es simplemente la novedad. ¡Así que de vez en cuando, los sorprendo con una versión casera! Tenemos algunas bolsas de comida que dicen "happy meal" con una carita sonriente en ellas (o para este fin también podríamos guardar algunas bolsas de las Happy Meals reales). Hago pequeños recipientes para las papas fritas con papel grapado y luego frío unas papas fritas congeladas para rellenarlos. Luego hago hamburguesas de pavo o nuggets de pollo, corto una manzana y meto en la bolsa una pequeña sorpresa y... ¡voila! ¡Diversión instantánea!

Artículos para el Hogar

La primera cuestión aquí es, ¿realmente los necesita? Si es así, ¿los necesita ahora? Retrase las cosas si puede. Si no, entonces compare precios para asegurarse de comprar a un buen precio y tómese tiempo para buscar los precios especiales rebajados. Puede comprar muchos artículos usados siempre que estén en buenas condiciones; esto puede tener sentido dependiendo del artículo y cuánto lo va a usar.

Salidas y Actividades

El combustible puede ser caro hoy en día, así que planear las salidas que puede hacer a pie o compartir transporte con una amiga puede suponer un ahorro. He llegado a la conclusión de que con cuatro niños las membresías locales se consiguen a un precio excelente – una membresía para familias en el museo de los niños tenía el mismo precio que el de dos visitas y la membresía de mi planetario nos daba acceso a sus películas educativas (que son lo suficientemente cortas para que mis niños no se pongan inquietos, como les pasa en el teatro) durante todo el año gratis. Eche un vistazo a las actividades que le gustan a su familia y vea si puede cambiarlas o comprar en lote para ahorrarse dinero.

Preescolar, Guardería y Escuela

¡La mejor forma de ahorrar dinero en la guardería y en el preescolar simplemente es que sus hijos no vayan! Si necesita tiempo para estar sin los niños o cree que lo que aprenden en el preescolar es importante, busque para asegurarse de que haya encontrado el programa más adecuado en términos de las veces que están disponibles, las habilidades que enseñan y el precio que cobran. Por ejemplo, puede conocer a otra madre que tenga una formación en preescolar y que le guste enseñar a sus pequeños a la vez que enseña a los suyos propios por una fracción de lo que le cobran en la guardería. Si principalmente necesita tiempo para estar sin los niños, puede quedar con otra madre para cuidar a sus niños o incluso alternarse para que ambas tengan dos días a la semana sin los niños. Si cree que un programa organizado es la mejor respuesta, hable con ellos sobre sus precios dado que algunos tienen flexibilidad para ofrecerle descuentos.

Ropa de los Niños

Personalmente me gusta comprar las prendas de vestir de mis niños en Gymboree y Hanna Andersson. Creo que son muy lindas y tienen una excelente calidad y siguen teniendo un buen aspecto después de muchos lavados. Solía comprar la mayor parte de la ropa de mis niños en sus sitios web, consiguiendo mis favoritos cuando aparecían y aprovisionándome de las prendas básicas durante las rebajas.

Cuando pasé al modo "frugal", me di cuenta de que necesitaba cambiar mi estrategia. Consideré cambiar a artículos baratos de

Old Navy y Wal-Mart pero descubrí que no duraban tanto y eran más propensos a retener las manchas, agujerearse, etc.

Así que elaboré una estrategia totalmente nueva. Esta puede que le sirva o no. Comencé a buscar lotes de ropa usada de marca de la talla de mis hijos en craigslist.org. Eran de gente local que compraba en las tiendas que me gustaban y por lo general comprobé que los precios eran razonables (inferiores a los artículos usados de eBay). Una vez que encontraba artículos en buenas condiciones, los compraba – a menudo el lote completo, tras negociar un descuento.

Probábamos los artículos y decidíamos con cuáles nos queríamos quedar. Luego vendía en eBay cualquier ropa que quedaba pequeña y que aún tenía un buen aspecto, además de otros artículos comprados recientemente que no queríamos. Los gastos en la ropa de mis niños después de restar la que había vendido, eran comparables con comprar en Wal-Mart, pero conseguíamos vestir con prendas de mejor calidad.

Definitivamente necesita tener en cuenta su tiempo para comprar y vender en una estrategia como esta, pero el asunto es que existen muchas formas de llegar a un resultado particular, ¡una vez que sabe cuál es!

Puede que a usted no le guste el tema de artículos usados, pero podría limitar sus compras, ceñirse a las rebajas y mantener las prendas en una buena condición para luego venderlas.

Otra estrategia es crear un intercambio de ropa o hacer una cadena para pasar la ropa de los mayores a los más pequeños con gente que conozca. Por ejemplo, en un momento di la ropa de mi hija que le quedaba pequeña a otra familia (hay una diferencia de ocho años entre mis hijas y no tengo espacio para guardar las cosas durante tanto tiempo) a cambio de la ropa que ya le quedaba pequeña a su hijo, que era lo suficientemente grande para mi hijo mayor y podría pasar al más pequeño. También tenía dos amigas que durante años me dieron todas sus prendas que les quedaban pequeñas y que eran perfectas para mi hija pequeña.

Otra opción divertida es reunir un grupo – puede ser de amigas o de gente que conozca de otras organizaciones como un grupo de madres o un grupo escolar – para realizar un intercambio de ropa. Pueden establecer parámetros, como por ejemplo tamaños y géneros específicos, que sean apropiados para las asistentes. Todas las personas llevan una bolsa de ropa, la juntan toda y la clasifican en pilas básicas por géneros/tamaños. Luego cada persona va pasando por los artículos y se lleva a casa aquello que pueda usar.

¿Se Siente Extremista?

Algunas personas pueden decidir llevar a cabo medidas más drásticas para reducir sus gastos, hasta reducir en gran medida sus necesidades de ingresos para poder hacer más cosas con sus hijos. Quizás usted tiene un hijo enfermo o un pequeño gimnasta que necesita acudir a eventos entre semana, o necesita más tiempo para escolarizar en casa, o por circunstancias de la vida que no puedan cambiar en el momento (pérdida de trabajo, fallecimiento del cónyuge, enfermedad). Si usted está en esta categoría, aquí tiene algunas opciones adicionales a tener en cuenta:

- comparta su espacio: acepte un compañero de habitación, alquile una habitación en la casa de alguien o alquile una casa o apartamento más grande con otra familia

- cámbiese a algo más pequeño: múdese a un apartamento más pequeño

- hágase rural: trasládese fuera de la ciudad, donde los alquileres y los precios de las casas son mucho más bajos. Esto también le puede ofrecer la oportunidad de cultivar o criar parte de su propia comida para reducir más sus gastos.

- acepte un empleo con pensión completa: el escenario más probable para esto es un puesto de niñera interna. Algunos empleadores le permitirán llevar junto con usted a un niño. Probablemente esta no sea una opción si está casada o viviendo con alguien o tiene varios hijos.

- aceptar ayuda del gobierno: si sus ingresos son lo suficientemente bajos, puede ser apta para recibir cupones alimenticios y Medicaid, lo que puede reducir aún más sus gastos en comestibles y (si ya lo tiene) en su seguro médico.

- buscar cosas gratis: muchos artículos pueden obtenerse gratis en freecycle.com o en la sección de artículos gratuitos de craigslist.org. Personalmente he regalado una lavadora y una secadora, ropa de niños y muebles.

Resumen del Capítulo

Necesita saber cuántos ingresos necesita antes de que pueda planificar su estrategia de ingresos, así que primero comience por mirar sus gastos. Cualquier reducción del gasto significa menor necesidad de ingresos, lo que puede suponer un gran reductor del estrés que se genera cuando se comienza un negocio desde cero. Las reducciones también significan menos tiempo necesario para trabajar, ¡lo que deja más tiempo para todo lo demás!

4

Su Plan de Ingresos

Esto va a ponerse más divertido ahora. En esta sección planeará lo que va a hacer para generar ingresos y cómo hará que eso encaje con sus objetivos y su estilo de vida. Cuando haya acabado, deberá tener una hoja de ruta que muestre su objetivo deseado y cómo planea alcanzarlo.

Desarrollar Sus Objetivos

Lo primero que le animo a que haga en su misión de generar dinero desde casa es poner por escrito sus objetivos. No se aventuraría en un largo viaje sin mirar al mapa y esto es algo similar. Está poniendo en funcionamiento una larga serie de actividades y necesita saber hacia dónde va y por qué está haciéndolas.

Comience con por qué desea hacer esto. Puede que tenga un objetivo específico y limitado, como ahorrar para unas vacaciones o para hacer una gran compra. Puede que desee complementar los ingresos de su familia con un pequeño extra mensual para cubrir gastos inesperados o para realizar divertidas salidas. Puede que tenga un objetivo más grande, como dejar su puesto actual y comenzar a quedarse en casa con sus hijos a tiempo completo. En mi caso, soy una madre soltera y quería trabajar desde casa para generar suficientes ingresos que proporcionaran sustento a mi familia ¡a la vez que tenía algo de tiempo para pasar con ellos!

Una vez que tenga su objetivo, tiene que cuantificar exactamente cuánto dinero necesita para poder lograrlo.

No se olvide de poner también sus otros objetivos. Por ejemplo, uno de mis objetivos era acabar el trabajo a la hora que mis hijos volvían a casa del colegio y así poder centrarme en ellos – ayudarles con las tareas, preparar una cena saludable y sentarme con ellos para ponernos al día con los eventos de la escuela. Tuve que modificar mi objetivo de ingresos para poder cubrir mis gastos y ser capaz de dejar mi computadora a las 3 pm. Una cosa que tuve que hacer fue "despedir" a un lucrativo cliente pero que exigía mucho mantenimiento. Aunque era bueno disponer de esos ingresos, el cliente con frecuencia me enviaba grandes proyectos con muy poco plazo de entrega, lo que requería que trabajara hasta tarde y también los fines de semana para poder realizarlos, además de recibir llamadas a casa por la noche.

Centrarse

Si intenta realizar muchas cosas a la vez no podrá realizar ninguna a la perfección. Cuando esté desarrollando su plan, asegúrese de darse el tiempo suficiente para centrarse en un solo negocio hasta que esté creado y funcionando. Una vez que esta pieza esté colocada, pase parte de su tiempo libre poniendo en línea la pieza número 2. No añada más a su plato hasta que las dos piezas con las que esté trabajando funcionen sin problemas. Si empieza con la número 2 y la 1 se derrumba, ¡en realidad no estará progresando! Dese algo de tiempo para conseguir que todo esté bien asentado antes de que pase a hacer otra cosa.

Tiempo de Trabajo

Necesitará estudiar atentamente cuánto tiempo tiene disponible. Si sus hijos van a la escuela, puede tener varias horas al día disponibles cuando haya clase pero no tendrá tiempo cuando la escuela esté cerrada así que necesita seleccionar opciones que no requieran un compromiso diario continuo por su parte. Quizás vender en línea o escribir un libro podría cumplir con su agenda.

Algunas de ustedes tienen niños pequeños y quieren trabajar desde casa o desde un lugar en donde puedan llevar a sus niños con ustedes, durante una o dos horas al día. Quizás pueda combinar sacar a pasear a perros con un paseo al parque o una vuelta alrededor de la manzana o puede estar disponible como asistente virtual durante dos horas cada tarde en el momento de la siesta.

Las actividades por la tarde, como impartir clases, podrían ser posibles si tiene un esposo o una vecina (o incluso un hijo más mayor) que pueda cuidar a sus hijos mientras está fuera.

Si imparte lecciones o da clases particulares en su casa, mientras tanto sus hijos pueden jugar tranquilamente, ver la TV o incluso participar en actividades grupales.

Seleccionar sus Generadores de Ingresos

¡Ahora viene la parte divertida! Haga una lista corta de generadores de ingresos que cree que podrían funcionar con usted. Puede comenzar con una tormenta de ideas o leer la sección dos de este libro para obtener algunas. Cuando tenga una pequeña lista, necesitará realizar algunas investigaciones para averiguar cuánto puede cobrar o cuánto puede tener de margen para su área. Una vez que haya calculado algunas cifras, úselas para rellenar la tabla que hay más abajo para asegurarse de que su plan le ayudará a alcanzar sus objetivos.

Aquí tiene dos formas de hacer una tormenta de ideas:

1. Mapa Mental

Un mapa mental comienza con una palabra o frase en el medio de la página. Aquí podría ser "Formas de Generar Ingresos" o "Habilidades Que Tengo Que Podrían Funcionar En Un Negocio En Casa". Dibuje un círculo alrededor. Y según se le ocurran ideas, dibuje una línea desde el círculo exterior y escríbalas. Cuando tenga una nueva, dibuje su propia línea; si está relacionada con otra, escríbala al lado. Continúe mientras pueda generar más ideas. No califique nada como estúpido o inútil en este punto; incluso una idea tonta puede dar lugar a una fantástica más tarde.

Aquí tiene un ejemplo de un mapa mental. Observe que el anillo de círculos cercanos al tema central de "Ideas" son las habilidades o intereses y las ramificaciones que salen son formas específicas con las que podríamos usar esas habilidades o intereses.

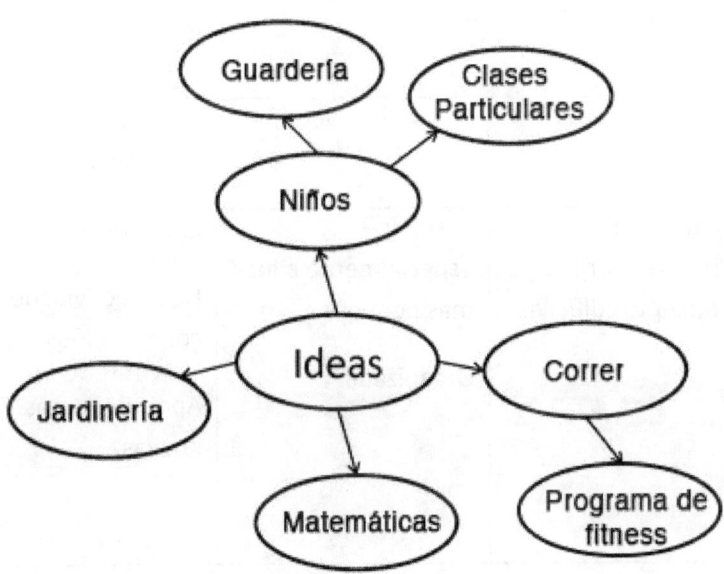

Cuando haya acabado, tendrá muchas ideas que podrá evaluar con detenimiento. Puede que observe que hay muchas ideas agrupándose alrededor de una o dos ideas principales. Probablemente estas sean ramificaciones principales para avanzar dado que obviamente usted ya tiene las habilidades e intereses en esas áreas.

2. Lista de Fortalezas e Ideas
Otra forma de general ideas potenciales de negocio es
desarrollando una lista de sus habilidades, fortalezas y cosas
que le gustan. Examine y revíselas para ver qué ideas de
negocio pueden ocurrírsele que utilicen sus fortalezas y las
cosas que realmente le gusta hacer. Aquí tiene un ejemplo:

Fortalezas	Habilidades	Cosas Que Me Gustan
Ayudar a otros a comprender conceptos difíciles	Enseñar – especialmente a los más pequeños Organizada	Estar fuera Hacer actividades con mis niños Aprender cosas nuevas

En este ejemplo, podríamos combinar "Ayudar a otros a
comprender conceptos difíciles" + "Enseñar a los más
pequeños" + "Organizada" + "Hacer actividades con mis niños"
y que se le ocurra "Enseñar a leer a preescolares" o "Enseñar
habilidades deportivas a los niños en el parque, ¡incluyendo a
los míos!"

Aquí tiene una matriz por la que puede comenzar:

Fortalezas	Habilidades	Cosas Que Me Gustan

Luego, rodee con un círculo las siete u ocho cosas de esta tabla que considera con más fuerza. Cada una de ellas puede ser útil para realizar una tormenta de ideas sobre cómo podría generar ingresos con las mismas.

Para usar esta hoja de trabajo, coloque uno de sus elementos destacados en la parte superior de la página. Luego, piense en maneras en las que podría usar eso en un negocio. No juzgue nada todavía – las cosas tontas están bien, porque una idea tonta podría servir más delante de inspiración para que se le ocurra una idea útil

---

Fortaleza, Habilidad o Cosa Que me Gusta:

_____

Formas en las que podría usarla:

1.
2.
3.
4.
5.
6.
7.
8.
9.
10.

Ingresos Procedentes de Sus Ideas

Ahora que tiene una lista de opciones de negocio potenciales, necesita averiguar cuánto podría cobrar por esos bienes o servicios y de esa forma ver cómo se adaptaría cada opción de negocio con sus objetivos. Por favor, no descarte de inmediato por razones económicas algo que crea que podría disfrutar dado que su elección podría depender de las horas necesarias, momento del día que tiene que estar disponible para trabajar, necesidad de días libres, flexibilidad y capacidad para llevar con usted a sus niños, junto con el precio por trabajo o por hora. Algo que al principio puede parecer prometedor podría requerir una niñera cara o más tiempo fuera del que tiene disponible y algo menos lucrativo pero más flexible podría acabar cubriendo sus necesidades de ingresos de forma correcta – ¡y ser divertido a la vez! Tómese el tiempo para analizar todas sus grandes ideas antes de comenzar a descartarlas.

Para saber lo que podría cobrar, localice negocios similares en Internet. Muchos ofrecen los precios por servicio en sus webs; en otros tendrá que llamar para obtener las tarifas. Ponga en una lista los resultados y úselos para estimar cuánto podría cobrar en su zona por el servicio o producto.

Lleve un registro de su investigación; lo necesitará en el paso siguiente:

Idea de Negocio	Lo Que Creo Puedo Cobrar

La Tabla de Ingresos por Trabajo

A medida que reúne esta información, rellene una tabla de ingresos por trabajo y asegúrese de que le parezca realista. En muchos casos, llevará algo de tiempo alcanzar su objetivo de ingresos. Sin embargo, si necesita generar 500$ a la semana y solo tiene 10 horas disponibles, aún es factible. Imagine que puede realizar dos paseos de perros al día, cinco días a la semana. A 10$ por perro y con cinco perros en su grupo, eso supone dos paseos durante cinco días = 10 paseos a la semana. Cinco perros x 10$=50$ por paseo, o 10 paseos x 50$ por paseo=500$ a la semana. ¡Es una meta realista! La misma meta de objetivo de ingresos no sería posible con solo cinco horas disponibles, dado que solo generaría 250$ a la semana. Así que en este caso necesitaría incrementar sus horas disponibles para trabajar, pensar en un trabajo con el que pudiera comprometerse más horas (quizás desde casa en lugar de tener que ir de un sitio a otro) o desarrollar otro plan que proporcionara ingresos mayores.

Para usar la tabla, escriba en cada recuadro en los que tenga tiempo disponible para trabajar, la cantidad de tiempo que pueda comprometerse. Luego, según seleccione métodos para obtener ingresos con sus diferentes situaciones, vuelva a la tabla, rellene la posición y calcule los ingresos generados esperados en ese período de tiempo. También anote cualquier gasto relacionado. Por ejemplo, cuando doy clases en las tardes, tengo que contratar a una niñera que no necesitaría si no diera clases. Eso va en la fila "Gastos Relacionados" y así sé cuántos ingresos genero realmente para lograr mis objetivos. Una vez que esté completado, puede añadir los ingresos esperados y ver si cumple sus objetivos.

Aquí tiene una tabla de muestra basada en nuestro anterior
ejemplo de pasear perros:

	Lun	Mar	Mié	Jue	Vie
Mañana	2 horas. 2 paseos, 5 perros por sesión, 10$ por perro = 100$	2 horas. 2 paseos, 5 perros por sesión, 10$ por perro = 100$	2 horas. 2 paseos, 5 perros por sesión, 10$ por perro = 100$	2 horas. 2 paseos, 5 perros por sesión, 10$ por perro = 100$	2 horas. 2 paseos, 5 perros por sesión, 10$ por perro = 100$
Tarde					
Noche					
Tiempo total e ingresos	2 horas, 100$	2 horas, 100$	2 horas, 100$	2 horas, 100$	2 horas, 100$
Gastos relacionados					
Tiempo final e ingresos	2 horas, 100$	2 horas, 100$	2 horas, 100$	2 horas, 100$	2 horas, 100$

Total de la semana: 2 horas en la mañana, de Lunes a Viernes,
500$ a la semana.

Aquí tiene una tabla en blanco para que rellene:

	Lun	Mar	Mié	Jue	Vie	Sáb	Dom
Mañana							
Tarde							
Noche							
Tiempo total e ingresos							
Gastos relacionados							
Tiempo final e ingresos							

Tiempo total e ingresos: _____

Desarrollar Sus Objetivos y Línea Temporal

Una vez que haya seleccionado un negocio con el que proceder, escriba una lista de todos los pasos que necesita para que se convierta en realidad. Luego, asigne una fecha de finalización al lado de cada uno. Mantenga esta lista al lado de su computadora o en un lugar visible en su cocina e intente poner en acción algo de su lista cada día y de esta forma avanzar hacia su objetivo.

Aquí tiene un gráfico que puede usar para indicar esas tareas y realizar un seguimiento del estado de las mismas:

Tarea	Finalizar antes de	Fecha de finalización

Resumen del Capítulo:

- La planificación es una parte importante del proceso. Antes de que dedique su tiempo a crear un negocio, piense en todo el proceso y asegúrese de que sus expectativas sobre el tiempo que necesitará dedicarle y los ingresos que obtendrá sean realistas. ¡No querrá dentro de seis meses haber dedicado un gran esfuerzo y luego darse cuenta que no se está acercando a sus objetivos o que incluso está perdiendo el control!

- Comience con la cantidad de dinero que tiene que ganar y con el tiempo que tiene disponible y asegúrese de que independientemente de cuál sea su plan, éste sea capaz de generar los ingresos que necesita dentro del tiempo que tiene disponible. Si no, necesitará cambiar los ingresos necesarios, el tiempo disponible o el negocio en sí.

- Una vez que haya encontrado una idea de negocio que le apasione, desarrolle una lista detallada de lo que necesita para iniciarlo ¡y lleve a cabo algunas acciones cada día!

5

Medidas de Emergencia

Cuando está comenzando su propio negocio, es posible que haya momentos en que tenga poco o nada de dinero y necesitará implementar algunas medidas de emergencia. Aquí tiene algunas ideas en caso de que se vea en esta situación.

Para generar efectivo rápidamente, querrá tener en cuenta estas dos posibilidades: ventas en persona y servicios personales.

Ventas en Persona:

Con "ventas en persona" me refiero a la situación en la que usted entrega el objeto adquirido a la persona que lo ha comprado y ésta tiene que pagarle en ese momento. El ejemplo más común sería un mercadillo casero. Los mercadillos caseros funcionan mejor en verano, pero un mercadillo casero de emergencia puede funcionar cualquier día o en cualquier momento. Una forma fácil de dar a conocer uno sería publicarlo en Craiglist (http://www.craigslist.org) si dispone de él en su área. También puede vender los objetos en tiendas de artículos usados. También puede intentar revender tarjetas regalo por un porcentaje de su valor en Craigslist.

Casi cualquier objeto puede venderse mientras el precio sea el adecuado. Pasea por tu casa, garaje, trastero, etc. y busca objetos que creas poder vender.

Igualmente puede explorar tiendas en busca de artículos para revender. Su objetivo serían los artículos que pueda vender razonablemente por al menos el triple de lo que pagó por ellos, así que no compre nada de la tienda de todo a 1$ a no ser que crear poder venderlo por un precio de 3$ o más. También vale la pena pasarse por los estantes con artículos en liquidación en sus tiendas favoritas. Generalmente yo solo compro cosas que pienso que son bonitas y que tengan al menos un 80% de descuento sobre el precio original. Eso significa que puedo pedir un 60% del precio de venta y aún así obtengo mi inversión de vuelta con bastante margen de ganancia. Cualquier cosa por debajo de esto generalmente no merece la pena el esfuerzo.

Si puede esperar al menos una semana para que le entre dinero, eBay (http://www.ebay.com) es también una buena opción. Cree subastas de 3 días y por lo general dentro de la misma semana obtendrá los fondos de los artículos que se hayan vendido.

Servicios Personales:

Por "servicios personales" quiero decir cosas que usted hace para una persona (no para una compañía) en donde se espera que le paguen razonablemente en el acto.

Aquí tiene unas ideas para comenzar:

- Limpieza de casas: no es muy divertido pero creo que puede cobrar 20$/hora o más en la mayoría de los sitios y recibir el pago inmediatamente. Anuncie sus servicios en Craigslist (http://www.craigslist.org) y seguro que conseguirá un par de trabajos en el corto plazo.

- Cuidado de niños: ofrecer servicios para cuidar niños puede ser una forma de conseguir ingresos de forma rápida. Si tiene hijos, puede ofrecer los servicios en su casa para cuidar niños durante la noche o cuidar de niños enfermos.

- Trabajos de jardín: mucha gente está buscando a alguien que les ayude a cuidar de sus jardines y probablemente puede conseguir rápidamente este tipo de trabajos publicando un anuncio para barrer hojas, palear nieve, limpiar malas hierbas o recortar setos. No es un trabajo fácil, pero proporciona dinero en efectivo de inmediato.

- Otros servicios para los que tenga habilidades, como transformaciones, pintar casas o enseñar alfarería. Publique un anuncio en craigslist.org (http://www.craigslist.org) para ver si encuentra rápido alguna persona interesada en sus habilidades.

- Ofrecer negocio planificado. Puede matar dos pájaros de un tiro ofreciendo sus nuevos servicios a mitad de precio o con algún descuento a los primeros clientes, con la condición de que sean clientes de referencia para usted y que le proporcionen una cotización para sus servicios; esta cotización la podrá incluir en su estudio de mercado y conseguirá dinero efectivo de forma rápida, un par de buenas cotizaciones para sus potenciales nuevos clientes y algunos clientes posibles a largo plazo (haga el descuento para un período de tiempo determinado).

En cualquier servicio personal, primero negocie los detalles del servicio que proporcione. Es bastante razonable hacerles saber a sus clientes que necesita el pago en efectivo la primera vez dado que nunca ha trabajado con ellos antes. ¡Eso le asegura tener dinero efectivo cuando se vaya!

Otras Ideas:

Consiga una compañera de habitación. Si tiene una habitación en su casa que pueda dejar libre, puede traer a una compañera de habitación. Una estudiante universitaria podría ser adecuada si espera que esta no sea una solución a largo plazo dado que probablemente solo necesitará la casa por lo que queda del año escolar o la duración del descanso veraniego. Es habitual cobrar por adelantado su alquiler y cobrar mensualmente. También puede cobrar un depósito, pero no lo gaste, dado que legalmente se le requiere devolverlo a no ser que tenga que ser usado para reparar daños o limpiar su espacio. Para aumentar sus ingresos con esto, puede incluir las comidas, es decir, que puede cocinar lo suficiente para todos en las horas de las comidas. También puede necesitar una llave de su casa, un espacio para aparcar su automóvil (en la calle está perfecto), acceder a su lavadora, espacio en el refrigerador, etc.

No haga esto si va a sentirse incómoda con alguien viviendo en su mismo espacio y elija con cuidado. Sería bueno revisar referencias antes de permitir el acceso a alguien a su casa.

Una ventaja de tener una compañera es que puede acordar que cuide de sus niños en algún momento, lo que le permitiría tener tiempo adicional para trabajar o quizás la capacidad de trabajar fuera de su casa y generar algunos ingresos adicionales.

Pida un préstamo: desde luego, el peligro de esto es que ¡un préstamo hay que devolverlo! Si usted pone como garantía su automóvil o un objeto personal como aval para un préstamo garantizado o en una casa de empeños, puede perderlos si no puede devolver el préstamo. Si pide prestado a una amiga, básicamente estará poniendo como garantía su amistad – y la perderá si no mantiene su promesa de devolver el dinero (y quizá más también si le cuenta a otras personas que usted no cumplió su palabra).

Acepte un empleo que incluya propinas. Si tiene experiencia como camarera puede encontrar un puesto de inmediato. El pago del sueldo puede tardar un poco en llegar pero si cuida muy bien de sus clientes podrá ganarse algunas propinas de inmediato.

Actúe por dinero. Si sus habilidades incluyen cantar, bailar o destrezas musicales ¡puede que quiera ir a algún lugar concurrido y comenzar una actuación! Con suerte las propinas que reciba en su sombrero o funda de la guitarra cubrirán una compra en el supermercado. Otra opción similar sería buscar trabajos para agitar señales o vestirse con un disfraz para anunciar una empresa o algunas casas nuevas. Estos trabajos con frecuencia se pagan en efectivo.

Resumen del Capítulo

Espero que nunca lo necesite pero si pasa por un momento de escasez de dinero y necesita fondos con urgencia, busque oportunidades para:

- Vender artículos en persona, como un mercadillo casero o un anuncio en Craigslist (http://www.craigslist.org).

- Realice servicios personales, como limpieza de casas, trabajos de jardín o cuidado de niños, con los que espere que le paguen de forma razonable en el momento de realizar el servicio.

Diseñar Su Negocio

6

Servicios a Empresas

Las empresas, especialmente las pequeñas, tienden a subcontratar diferentes servicios dado que no tienen la necesidad de tener contratado a un empleado para un área determinada. Con frecuencia también son muy flexibles sobre el lugar en que se realiza el trabajo, lo que le da la oportunidad de trabajar desde su casa si así lo desea.

Estos son los grandes problemas que necesita resolver para crear un negocio que proporcione subcontratación de servicios a propietarios de empresas:
1. ¿Qué servicios ofrece?
2. ¿Cuánto cobrará?
3. ¿Cómo puede hacer llegar su información a los potenciales clientes para que la puedan contratar?
4. ¿Cómo administrará sus proyectos, facturas, etc. para que le paguen por el trabajo que realice y para que pueda tener clientes de referencia?

Los diferentes servicios que compran las empresas son bastante ilimitados, pero puede que tenga más opciones de conseguir varios clientes primero si está en el rango de servicios que con frecuencia adquieren de proveedores independientes externos.

Aquí tiene una lista de los servicios comunes para que comience:

- Diseño web: se trata de la creación o actualización de un sitio web. No es necesario que conozca CGI ni HTML. Muchos sitios se crean ahora utilizando plantillas WordPress, lo que requiere menor conocimiento técnico. Si es buena con cosas como esta, consulte algún libro de la biblioteca o busque tutoriales en línea para comenzar ¡y cree usted misma su primer sitio! WordPress (http://wordpress.com/) ofrece hosting gratuito para un sitio básico y un blog.

- Diseño gráfico: es la creación de elementos gráficos, como encabezados y botones para sitios web, portadas de libros, logos, volantes de marketing y papelería corporativa para empresas.

- Asesoría de marketing: es el desarrollo de materiales de marketing para empresas, como volantes y sitios web (o la coordinación del proceso, si se trata de un proyecto mayor con todas las partes subcontratadas) y/o desarrollo de un plan para llegar a los clientes potenciales con información acerca de la empresa a fin de incrementar las ventas.

- Investigación en línea o por teléfono: podría incluir temas específicos de investigación para un autor que esté trabajando en un libro, localizar los nombres de compañías en determinados campos o localizaciones para realizar iniciativas de marketing, o contactar con clientes de una empresa o puestos específicos de múltiples compañías para realizarles preguntas de encuestas.

- Generación de oportunidades de negocio: se trata de contactar con tipos específicos de empresas o personas y leerles un guión de ventas y luego pasar cualquier interés inicial a la compañía para que puedan hacer un seguimiento con información de ventas.

- Escritora de marketing: realizar textos para materiales de marketing a fin de incrementar las ventas de la compañía.

- Escritora técnica: tomar documentos, en particular sobre descripciones acerca de cómo utilizar un programa u otros asuntos más técnicos y reescribirlos para que los usuarios puedan comprenderlo y usarlo.

- Editora: revisar trabajos escritos previamente a fin de corregir errores ortográficos o gramáticos o, de forma más amplia, realizar mejoras en un documento o historia.

- Traductor: se trata de tomar trabajos escritos previamente y reescribirlos en un idioma diferente.

- Asistente virtual: se trata de realizar varias tareas administrativas como escribir memorándums o cartas, revisar y clasificar correo, responder preguntas con información básica, programar citas o realizar reservas y hacer seguimiento del progreso de proyectos a través de métodos en línea (al contrario que hacerlo desde sus oficinas).

- Contable: se trata de tomar la información financiera de la empresa, incluyendo facturas, cheques, facturas a clientes, pagos de clientes e información bancaria e introducirla en un sistema de seguimiento o en un software de contabilidad. Generalmente incluirá la conciliación del estado bancario y proporcionar información sobre ingresos y gastos de forma regular (normalmente cada mes).

Si tiene un perfil técnico, también hay muchos empleos técnicos disponibles. En este campo se tiende a usar proveedores externos con precios más altos que en otros y existen muchos puestos disponibles para trabajar desde casa.

Además, existen muchos más servicios a empresas ahí fuera. Para obtener más ideas, navega para ver los contratistas y puestos que aparecen en Elance (http://www.elance.com).

Obtener Clientes

Marketing Local:

Aquí tiene formas de localizar clientes cuando proporcione sus servicios en persona y necesite que la gente local sepa sobre ellos:

Encuentre un Recomendador

Cuando tenga definido algo en lo que sea buena y esté dispuesta a hacerlo, tiene que encontrar un mercado con gente interesada en sus servicios. Una de las mejores formas de hacer esto es localizando recomendadores. Pueden ser grupos o personas que tengan una gran necesidad de sus servicios o que trabajen con gente que los necesiten.

Por ejemplo, yo ofrezco servicios de contabilidad y de nóminas. Cuando me mudé, contacté con varios contables de mi zona con la idea de que ya estuvieran en contacto con empresas que podrían necesitar mis servicios. Tras contactar con muchos, encontré uno que tenía clientes que necesitaban estos servicios pero no quería ofrecérselos él mismo, así que estaba buscando a alguien que le ayudara. Y llevo haciendo la contabilidad para algunos de sus clientes durante varios años. Incluso cada mes me deja la información de sus clientes en mi casa una vez que se la dan. Yo le envío sus estados financieros por email y él se los remite a sus clientes con una carta.

Una vez que comience a pensar en este sentido, encontrará muchas ideas de potenciales recomendadores. Por ejemplo, ¿usted da clases de piano? Si es así, ¿qué tal si comprueba en las tiendas de piano si ofrecen a sus nuevos clientes un listado de personas que den clases? O, vea si los grupos locales de madres y los clubs de gemelos tienen una lista en la que pueda indicar sus servicios de niñera nocturna o de preparación de comidas.

Asista a una Reunión de Empresas

En Meetup.com puede buscar reuniones de negocios locales. En el momento en que estoy escribiendo esto hay un enlace a la izquierda para "Profesionales y Empresas" que indica muchas opciones diferentes. Si alguna de ellas le parece interesante, ¡vaya y eche un vistazo! Muéstrese segura y lleve consigo algunas tarjetas o volantes para entregar a cualquier cliente potencial o recomendador.

Conviértase en una Experta

Una buena forma de conocer clientes potenciales es dar una charla sobre un tema que interese a sus clientes. Ser la conferenciante hace que sea la experta en el campo – ¡justo el tipo de persona que podrían necesitar para resolver sus problemas! Puede localizar oportunidades para dar charlas en su área, incluyendo la Cámara de comercio y organizaciones locales que podrían estar interesadas en su experiencia profesional. Por ejemplo, hable con el grupo de la Asociación Americana de Marketing si su presentación es sobre marketing.

Anúnciese en Sitios Web Locales, Como Craigslist

Muchas personas buscan en Craigslist (http://www.craigslist.org) proveedores de servicio cuando no tienen a nadie recomendado por un amigo o una empresa conocida. Por ejemplo, yo he contratado a contables, ayudantes de jardín, niñeras, cuidadoras y tutores a través del sitio. Es gratis anunciar su servicio así que escriba una descripción de lo que ofrece y vuelva a anunciarse al cabo de un tiempo.

También encontré un sitio llamado Thumbtack (http://www.thumbtack.com) que le permite publicar un perfil y luego usarlo para publicar automáticamente un atractivo anuncio en Craiglist de forma regular – le ahorrará tiempo y es gratis.

Anúnciese en Negocios Donde Compran Potenciales Clientes

¡El mejor ejemplo de esto es dejar un volante en la tienda de comestibles! Muchos negocios pequeños tienen una zona donde se puede dejar una tarjeta o un volante.

Únase a un Grupo Formal de Redes

Existen muchos grupos formales de redes en los que los miembros intentan ir cada semana con una recomendación o dos para otros miembros del grupo. Dos de los más conocidos son BNI y LeTip. Hay que pagar una tarifa para unirse y tiene que estar disponible para reunirse cada semana pero si puede cumplir estas condiciones, podría ser que estos grupos le resultaran muy provechosos. Incluso si no puede unirse a un grupo formal, generalmente puede examinar (visitar) uno de estos gratis, así que puede hacer que le cuiden a sus niños y visitar a cada grupo de su área, reunirse con los miembros y dar a conocer sus servicios. Contacte con los grupos antes de acudir. Algunos solo permiten visitantes el día formal de visitas. También es mejor visitar varios grupos antes de seleccionar uno al que unirse, así que también este tipo de proceso es bueno si tiene la intención de unirse a alguno. Esté preparada con unas cuantas tarjetas de presentación o volantes para aprovechar esta oportunidad.

Existen muchas organizaciones profesionales que se reúnen cada mes. Puede asistir al menos a una para ver si encajan bien con su negocio y repartir algunas tarjetas o volantes. Los ejemplos incluyen: AMA (Asociación Americana de Marketing), NAWBO (Asociación Nacional de Mujeres Propietarias de Negocios), ABWA (Asociación Americana de Mujeres de Negocios) y la Cámara de Comercio local. En mi área (una ciudad bastante pequeña) existen tres asociaciones de mujeres de negocios que se reúnen al menos una vez al mes, dos cámaras de comercio, un evento mensual de desayuno organizado por una red que atrae a cientos de personas y muchas reuniones de diferentes industrias o profesionales así que definitivamente puede encontrar grupos en su área para examinarlos. Si no está segura de lo que hay disponible, intente preguntar en su cámara local si tienen un listado de redes locales y grupos industriales y también pruebe a realizar una búsqueda en línea sobre "redes de negocios XXX" siendo XXX su ciudad y estado.

Si se une a un grupo de redes, permanezca centrada en el proceso de buscar clientes potenciales para otros miembros del grupo y contacte con todos los clientes potenciales que le proporcionen. Con frecuencia las cosas no funcionarán de una forma obvia, es decir, que usted reciba el contacto de un posible cliente, lo llame y acabe teniendo un empleo. En vez de eso, muchos no funcionarán con usted y otros funcionarán de formas inesperadas. Por ejemplo, he estado trabajando con una compañía durante los últimos 10 años; esta compañía envió a un representante suyo como invitado a un grupo al que yo pertenecía. Nunca se unió pero tomó mi tarjeta antes de abandonar la reunión. Más tarde, el dueño de la compañía se puso en contacto y he realizado con ellos varios proyectos desde entonces. También una vez en una reunión de redes pregunté por posibles clientes de asociaciones sin fines de lucro en las que podía trabajar de voluntaria, dado que no estaba muy ocupada ¡y eso me podría proporcionar nuevos conocimientos y sacarme de casa! Una chica del grupo me dijo que tenía una amiga cuyo marido tenía una asociación sin ánimo de lucro que podría necesitar mi ayuda. Tras varias llamadas, acabé reuniéndome con él y me dijo en esa reunión que no me quería como voluntaria, sino que quería contratarme. Llevo trabajando con ellos 11 años y también me han recomendado a varias asociaciones más.

Comparta Su Información Con Otras Organizaciones

Publique una descripción de sus servicios en otros sitios web que podrían incluir compradores interesados. Por ejemplo, sus servicios y clases de fotografía podrían interesarles a grupos de madres, listas de escolarización en casa y grupos de redes de marketing. Podría incluso ofrecer un precio o un descuento especial a cualquiera que le recomienden en esos grupos, para animarles a que pasen su información si se encuentran con un amigo que esté buscando servicios como los que usted ofrece.

Marketing En Línea:

Aquí tiene formas de promover sus servicios en línea, si el trabajo se realiza en su ubicación y se entrega de forma electrónica al cliente:

Conviértase en una Experta – En Línea

Según mi experiencia, este es un camino más largo que otros para obtener clientes, pero no lo descarte, especialmente si es una buena escritora. Para convertirse en una experta en línea, generalmente tendría que:

- Desarrollar un blog o sitio web con contenido sobresaliente en el área en que proporciona asesoría. Si ofrece servicios de marketing para la web, necesitará escribir artículos sobre optimización de motores de búsqueda, dónde promover su sitio web, cómo aumentar el número de visitas, etc.

- Atraer clientes a su sitio a través de publicaciones en otros blogs y publicando artículos sobresalientes en sitios web de bases de datos de artículos con su dirección web en la casilla de fuentes. Si no está familiarizado con estos, se trata de lugares en los que los escritores pueden publicar artículos que hayan escrito con una casilla de fuente al final del artículo que incluye una breve presentación del autor y un sitio web u otro enlace al que el lector puede acudir para más información. Luego, los sitios web o blogueros pueden publicar estos artículos gratis en sus sitios web o blogs siempre y cuando se incluya el enlace a la página fuente del autor. Si hace esto, asegúrese de que el enlace de su recuadro de fuente sea persuasivo, como "Joe Black es un experto en maneras rápidas y sencillas de aumentar el tráfico de su web. Haga clic en el enlace para obtener un eBook gratis acerca de las mejores técnicas de marketing para la web". Los más importantes de este tipo son hubpages.com, ezinearticles.com e ideamarketers.com.

- Ofrecer un libro gratis o una lista de los mejores 10 para descargar a los visitantes que se inscribieran en su lista de correo o de blog.

- Enviar artículos de alto interés regularmente (la mayoría de las guías recomiendan hacerlo semanalmente) con un enlace a la información sobre sus servicios de asesoría.

Ofrezca Sus Servicios en Elance

En el momento en que escribo esto, Elance (http://www.elance.com) es el mayor sitio web para conectar freelancers con empleadores. Los aspectos económicos dependerán de cuánto cobre a la hora y del número de proyectos que consiga. Tenga en cuenta que para ganar proyectos no tiene que tener necesariamente el precio más bajo. Por ejemplo, contraté a un consultor de Estados unidos cuando quise actualizar mi sitio web porque me preocupaban los problemas de comunicación con los proveedores extranjeros (mucho más baratos). También puede diferenciarse según su perfil y experiencia para que sea una elección obvia debido a su experiencia profesional especializada. He contratado a traductores a través de Elance y definitivamente tengo preferencia por aquellos que hayan realizado proyectos similares.

Para comenzar, vaya a Elance y abra una cuenta. Durante este proceso, describirá las habilidades que tiene para ofrecer a los potenciales clientes. También tiene la oportunidad de realizar varias pruebas para demostrar sus habilidades en diferentes áreas.

Una vez que su cuenta esté configurada, puede buscar los empleos disponibles y encontrar aquellos en los que le interese ofrecer sus servicios. En su propuesta tiene espacio para describir sus cualificaciones y cómo se relacionan con el puesto ofrecido. Puede especificar un precio fijo o por hora para la tarea y proponer una fecha de entrega.

Vender servicios a través de Elance funciona bien si se tiene niños porque usted trabaja en el proyecto en cualquier momento del día o de la noche, cuando tenga tiempo libre;

simplemente asegúrese de cumplir los plazos de entrega para que las opiniones de sus clientes sean favorables. Esas opiniones positivas le ayudarán a conseguir otros proyectos en el futuro.

También le recomendaría que cree algunas búsquedas estándar y que reciba notificaciones cuando publiquen nuevos proyectos que reúnan sus criterios dado que los primeros que se postulan en cualquier proyecto tienen una ventaja.

Para ofrecer sus servicios en Elance, probablemente necesite lo siguiente:

- Algún tipo de habilidad que sea fácil de vender en línea. Elance tiene una amplia variedad de servicios disponibles, desde habilidades técnicas hasta escritura o traducción.

- Buenas capacidades organizativas para mantenerse en contacto con sus clientes durante los proyectos a fin de que estén satisfechos y para que revise Elance regularmente en busca de nuevas oportunidades. Aquellos que se postulan primero en un proyecto, tienen más opciones de ganarlo porque un potencial cliente puede cansarse después de revisar múltiples propuestas. Además, he descubierto que nunca he contratado a nadie que no me haya enviado una propuesta en el primer intento. Simplemente no merece la pena para mi tener una larga discusión con esa persona cuando tengo muchas otras ofertas atractivas con el precio fijado.

Para mejorar sus ganancias una vez que se haya establecido, podría:

- Ofrecer servicios adicionales en el sitio

- Aumentar su precio

- Mantenerse en contacto con anteriores clientes para ver si tienen otras necesidades

Ofrecer Servicios en Otros Sitios Freelance En Línea

Elance es el mayor sitio de trabajos freelance, pero no es el único. Aquí tiene otros sitios similares que vale la pena probar:

- Guru http://www.guru.com

- oDesk http://www.odesk.com

- Sologig http://www.sologig.com

- iFreelance http://www.ifreelance.com

- GoFreelance http://www.gofreelance.com

- Freelancer http://www.freelancer.com

- PeoplePerHour http://www.peopleperhour.com

- Monster http://www.monster.com – principalmente tiene empleos tradicionales pero existen algunos puestos freelance

- Craigslist http://www.craigslist.org

- Dice http://www. dice.com – puestos técnicos principalmente

- Fiverr http://www.fiverr.com – se publican cosas que la gente va a hacer por 5$ y quien esté interesado, contrata a estas personas para que las hagan.

7

Servicios Personales

Los servicios personales consisten en eso... ayudar a otra persona con algo para lo que no está preparada o que no tiene tiempo o capacidades para hacerlo por sí misma. Muchos de estos servicios tienen la ventaja de que son recurrentes, es decir, que una vez que la contratan, volverá de forma habitual así que no tendrá que buscar constantemente nuevos clientes. A veces necesitará estar disponible a una hora establecida por el cliente pero con frecuencia estos servicios se pueden realizar a su conveniencia dentro de unos parámetros como por ejemplo mientras el cliente está trabajando o siempre que entregue el artículo para el Viernes. También es adecuado para la mayoría de los servicios recibir el pago en el momento en que se proporciona el servicio o por adelantado. Por ejemplo, si proporciona servicios de paseo de perros, probablemente querrá acordar recibir el pago cada vez que pasea al perro o recibir el pago por adelantado para todo el mes.

Aquí tiene unos detalles a tener en cuenta antes de aceptar su primer cliente:

Cuándo Está Disponible

Sea realista sobre las horas que tiene disponibles y piense en las cosas que pueden impedirle que haga acto de presencia. Una vez que los clientes empiezan a contar con sus servicios para hacer sus vidas más fáciles, se molestarán si usted no aparece. ¡Tras un par de ausencias, probablemente contraten a alguien más! Si está disponible mientras sus niños están en la escuela pero no puede ir durante las vacaciones escolares, asegúrese de saber cuándo son esos días y hable de esto con sus clientes y con antelación – quizás podría hacer una visita extra antes de las vacaciones o no trabajar los miércoles porque la escuela solo es hasta el mediodía.

Cómo Poner Precio a Sus Servicios

Su primer paso para poner precios es determinar los precios normales por ese servicio en su área. Puede buscar en Internet a compañías locales o gente que ofrezca esos servicios, contactar con amigos que puedan usar esos servicios para saber lo que están pagando o contactar con otros proveedores y preguntarles directamente.

Una vez que conozca el rango habitual en su área, puede decidir su estrategia de precios. Las opciones incluyen poner precio a sus servicios dentro de la media del mercado, o más altos que la media (para mostrar calidad o reflejar habilidades especiales) o más bajos que la media (para intentar atraer a clientes de inmediato).

Métodos de Pago

Es mejor discutir el pago con los clientes directamente, antes de que complete su trabajo y se le queden mirando con una expresión de sorpresa en su cara. :) Asegúrese de decirles la cantidad que les va a cobrar por los servicios, cuando espera que le paguen (¿en cuanto acabe el trabajo? ¿mensualmente por adelantado?) y qué tipo de pagos acepta (¿solo efectivo? ¿cheques también? ¿la primera visita en efectivo?)

Cómo Encontrar Clientes

Y ahora lo más importante de todo - ¿cómo localizar personas que pudieran necesitar sus servicios?

Debería concentrarse en tres métodos para encontrar clientes para su negocio de servicios. Estos son apropiados para un negocio pequeño a medio tiempo. Si su objetivo es crear una gran agencia de plomería con varios empleados, probablemente querrá incluir en su programa un anuncio en las Páginas Amarillas y tal vez cupones en el periódico o en los libros de cupones que hay en muchas ciudades. Sin embargo, como persona de negocios independiente que trabaja a medio tiempo y sin personal, necesitará ser comedida y eficiente con sus esfuerzos de marketing.

Aquí tiene los tres métodos que recomiendo:

1. Recomendaciones personales: esto es cuando alguien le habla de usted a un amigo que esté buscando servicios como los suyos. Para conseguir esto, querrá asegurarse de que sus amigos conozcan los servicios que ofrece. Envíeles un email, publíquelo en su página de Facebook, anúnciese en el foro de cualquier organización a la que pertenezca, lleve consigo tarjetas de presentación o volantes a las reuniones o eventos – no para que sus amigos puedan contratarla (¡aunque podrían!) sino para que sepan lo que ofrece. Entonces cuando alguno de sus amigos les pregunten si conocen a alguien que pasee perros, haga vestidos, lleve la contabilidad, tenga un preescolar solo

por las mañanas, etc., ¡pensarán en recomendarles a usted! También podría llevar tarjetas con descuentos o bonos de recomendación a sus clientes actuales que pueden darle a algún amigo que necesite sus servicios.

2. Boca a boca: esto es cuando usted acuerda con una persona o negocio que le recomienden.

Por ejemplo, hay una organización llamada La Orden Internacional del Arcoiris para Niñas – es la división de los Masones para niñas. Las niñas (de 11 a 20 años) de esta organización visten muy formal y generalmente necesitan un nuevo vestido largo unas dos veces al año. Muchos de estos vestidos necesitan ser confeccionados dado que requieren una tela específica para un determinado evento. Si es usted una excelente costurera y puede confeccionar vestidos, podría ponerse en contacto con alguno de los grupos de las Chicas del Arcoiris a través de su Madre Preceptora, la adulta que está al cargo del grupo. En mi área, existen varios grupos y la información de contacto está disponible en Internet. Cuando se ponga en contacto con la Madre Preceptora, puede darle a conocer su especialización y quizás hasta ofrecer realizar un artículo sencillo o algunas modificaciones para ellas de forma gratuita para que puedan comprobar sus capacidades. Una vez que estén seguras de sus habilidades, pueden pasar su información de contacto a su grupo y entonces tendrá la posibilidad de realizar una gran cantidad de vestidos para este grupo cada año.

Existen muchas situaciones parecidas que podría pensar. Los estudiantes de karate necesitan que se transfieran sus parches a sus nuevos uniformes cuando se les queden pequeños los actuales o cuando ganan un nivel que necesite un nuevo color para el uniforme. Si puede coser estos parches con precisión, deje tarjetas suyas en la entrada para que se las puedan pasar a los estudiantes cuando recojan sus nuevos uniformes. La gente que compra pianos puede que necesiten lecciones así que pregunte si los vendedores pueden pasar su información a las personas que quieran recibir clases de piano en sus casas para sus hijos (o cualquiera que sea su modelo específico de negocio, quizás en vez de eso, puedan ser lecciones grupales en su casa). La gente con nuevos bebés puede que necesiten mucha ayuda extra. Publicar información sobre su servicio nocturno de cuidadora o de ayudante para preparar comidas o de su negocio de limpieza de casas en los grupos locales de mamás y dejar algunos muñecos de peluche pequeños en su iglesia para repartir a los bebés de las mamás primerizas y que tengan una etiqueta que muestre sus servicios y su información de contacto.

3. Anuncios en línea o en volantes: ahora muchas personas que buscan proveedores de servicio buscan en la sección de servicios de Craigslist (http://www.craigslist.org). Es gratis publicar sus información así que, ¿por qué no tener un anuncio de sus servicios ahí? Una opción similar es publicar un volante en el tablón de anuncios de las tiendas de alimentación locales. Incluya en la parte de abajo trozos que se puedan arrancar con su información de contacto. Estos son baratos y los puede llevar a cabo en unos minutos.

Ideas de Negocios de Servicios Personales

Aquí tiene algunos negocios potenciales de servicios personales que puede ofrecer. Impleméntelos tal cual o úselos para que le surjan ideas y conciba su negocio exclusivo.

Encargos y Compras

¿Qué Es?

Realizar encargos o compras para aquellas personas que están muy ocupadas o que no pueden hacerlo por ellas mismas. Quizás estén enfermas, acaban de hacerles una operación o tienen un nuevo bebé en casa.

Aspectos Económicos

Por lo general, este es un servicio que se cobra por horas. En mi área 20$ la hora es lo común. Puede haber un cobro adicional por combustible si implica tener que recorrer mucha distancia o manejar para completar los encargos. Además, cualquier gasto en el que se incurra es reintegrado.

Para Mejorar Sus Ganancias

Obtenga varios clientes que necesiten encargos parecidos y así poder hacer un solo viaje y ocuparse de varios clientes.

Habilidades Necesarias

Para hacer este trabajo probablemente necesite:

- Buenas capacidades organizativas para asegurarse de realizar todos los encargos y mantener un registro cuidadoso de los recibos y costos en los que haya incurrido.

Qué Necesita Para Comenzar

Un medio de transporte fiable sería la necesidad principal.
Además, podría necesitar algo de dinero en efectivo disponible
para comprar artículos que luego los clientes le reembolsarán.

Hacer Que Funcione con Niños

Generalmente podría llevar a los niños con usted en este
negocio siempre y cuando puedan viajar en el automóvil y
ayudarla con los encargos sin dificultad.

Preparar Comidas

¿Qué Es?

Preparar ingredientes para que sus clientes puedan cocinar rápidamente comidas sabrosas por su cuenta.

Existen muchas opciones que podría considerar:

- Preparar comidas que se congelen y luego se calienten.

- Preparar ingredientes que estén congelados para comidas. El cliente los descongela y los cocina según las instrucciones que usted ponga en el envase.

- Preparar las mezclas secas, o bien para hornear o en hermosos frascos para regalos.

- Preparar cestas de "nueva casa" para agentes inmobiliarios o administradores de apartamentos y que se los regalen a los nuevos residentes. Por ejemplo, espaguetis, frascos con salsa, queso parmesano, palitos de pan y galletitas no necesitan refrigeración y se mantienen por bastante tiempo. Ponga una pequeña etiqueta con instrucciones y deje un espacio para que el que lo regala pueda colocar una tarjeta de presentación.

- Preparar cestas de "comida rápida" para regalar a nuevos padres o para estudiantes universitarios.

Aspectos Económicos

Esto puede variar ampliamente dependiendo del tipo de servicios que proporcione. Le sugiero contactar con otros negocios que ofrezcan artículos similares a su producto o servicio para tener una idea de los precios de la competencia. Una vez que tenga los precios, realice un control cuidadoso de su tiempo y costos para asegurarse de que su trabajo esté bien remunerado.

Para Mejorar Sus Ganancias

- Incremente los tipos de productos que ofrece

- Localice tipos adicionales de empresas o personas que podrían necesitar sus productos.

Habilidades Necesarias

Para que este trabajo funcione probablemente necesitará lo siguiente:

- Buenas capacidades organizativas para mantener un registro cuidadoso de tiempos, costos y fechas de entrega de sus artículos.

Qué Necesita Para Comenzar

- Algunas muestras – o bien menús de prueba para las comidas preparadas o muestras de productos para las cestas.

- Puede que necesite algún tipo de certificación o licencia del departamento de salud para ofrecer estos servicios. Contacte con su departamento local de salud y explique los tipos de artículos que quiere vender para conocer los reglamentos que tiene que cumplir en su área.

- Para preparar comidas precocinadas quizá necesite acceder a una cocina comercial. Si este es el caso, llame a varias organizaciones que podrían no necesitar sus cocinas todo el tiempo, como escuelas de cocina que solo den clases por la noche, colegios comunitarios que no siempre tengan estudiantes, o negocios similares que le permitan alquilar un puesto durante unas horas a la semana.

Hacer Que Funcione con Niños

Por lo general, este negocio implicará realizar el trabajo desde su casa más desplazarse para comprar materiales y entregar los artículos finalizados. Mientras sus niños puedan ir de compras y viajar en el automóvil con usted, probablemente los pueda llevar consigo. Incluso puede permitirles que le ayuden cuando esté en casa en la fase de producción.

Catering o Chef en Casa

¿Qué Es?

Preparar comidas para fiestas o eventos o para que una familia coma en casa.

Aspectos Económicos

Generalmente, en este tipo de trabajo se paga un precio fijo por persona o comida. El catering puede ser 20$ por persona para un menú específico y las comidas preparadas para familias podrían ser 30$ por un servicio para cuatro. Necesita describir exactamente qué se incluye (acompañantes, postres, etc.)

Para conocer su beneficio, necesitará llevar un control exhaustivo de su tiempo y gastos para asegurarse de que obtiene una buena compensación por sus esfuerzos.

Para Mejorar Sus Ganancias

- Incremente el número de comidas preparadas al mismo tiempo para obtener economías de escala (es decir, puede cortar vegetales para 10 comidas en el doble de tiempo que hacerlo para una comida dado que el tiempo de preparación es más o menos el mismo).

- Incremente las cantidades que compra a medida que tenga más comidas que preparar a fin de reducir el precio de sus ingredientes.

- Compre artículos en oferta y diseñe opciones de comida según sus compras.

Habilidades Necesarias

Para que este trabajo funcione probablemente necesitará lo siguiente:

- Excelentes habilidades para cocinar

- Tener experiencia previa preparando grandes cantidades de comida es muy útil si va a realizar un catering

Qué Necesita Para Comenzar

Un lugar para preparar la comida. Si va a ser una chef de casa, probablemente pueda usar la cocina del cliente y solo necesitará llevar la comida adecuada para prepararla. Si va a hacer un catering para un gran evento, puede que necesite una cocina comercial; contacte con diferentes lugares que tengan una para ver si le podrían alquilar el espacio durante las horas que no la estén usando. También necesitará un medio de transporte adecuado y si va a realizar catering en fiestas, necesitará un equipo que mantenga la comida a una temperatura adecuada antes de servirla.

Hacer Que Funcione con Niños

Probablemente sea útil tener a alguien más que cuide a sus hijos mientras prepara la comida para una gran fiesta o evento dado que las interrupciones podrían afectar a la calidad. También puede haber unas reglas que tiene que cumplir en relación con gente de fuera que entre en la cocina mientras se está preparando la comida para vender. Necesitará una niñera cuando vaya a servir la comida en el evento, a no ser que sus hijos sean lo suficientemente mayores para ayudar.

Limpieza de Casas

¿Qué Es?

Limpiar casas de propietarios que no tienen tiempo, de agentes inmobiliarios si la casa está a la venta o de dueños de apartamentos o casas para alquilar cuando los inquilinos se muden.

Aspectos Económicos

Generalmente este tipo de trabajo se realiza por horas. En mi área, la gente viene, echa un vistazo al lugar y proporciona un precio fijo. He visto que los precios están en torno a 20$ por hora. Querrá especificar de antemano si traerá los suministros de limpieza y el equipamiento (como una aspiradora) o si el propietario lo proporcionará.

Para Mejorar Sus Ganancias

- Proporcione servicios de limpieza más especializados, como eliminación de olores de mascotas o limpieza a fondo de toda la casa (con ventanas y zócalos).

- También puede ofrecer reparaciones menores si es capaz de hacerlo, como retocar la pintura o pegar azulejos sueltos, por un precio mayor a la hora mientras está en el lugar.

Habilidades Necesarias

Para realizar este trabajo probablemente necesitará lo siguiente:

- Buena atención a los detalles para asegurarse de dejar la casa con un aspecto limpio.

- Medio de transporte fiable y disposición de aparecer cuando se la espere. Una vez que la gente se acostumbre a tener este servicio, contratarán a alguien más si no llega cuando se espera.

Qué Necesita Para Comenzar

- Sería una buena idea estar asegurada dado que mucha gente no se sentirá cómoda con usted en su casa si no lo está. Contacte con su compañía de seguros para obtener información al respecto.

- Necesitará suministros de limpieza a no ser que el dueño los proporcione.

Hacer Que Funcione con Niños

Dado que va a estar en la casa o propiedad de otra persona, probablemente debería dejar los niños en casa. Este sería un negocio en el que necesitaría un marido, amiga o niñera para cuidar a sus hijos mientras está trabajando.

Trabajo Paisajístico o de Jardinería

¿Qué Es?

Determinar la ubicación de nuevas plantas y otros materiales en un jardín, cuidar de las plantas existentes limpiando las malas hierbas o podando, o proporcionar trabajos estacionales de jardinería, como arrastrar hojas y preparar parterres.

Aspectos Económicos

El diseño paisajístico en algunos estados requiere una licencia así que querrá revisar sus requisitos locales antes de realizar algún trabajo más grande o comercial.

Desarrollar un plan pequeño para un propietario local está bien en la mayoría de los sitios mientras no se presente como una diseñadora de paisajes profesional.

Por lo general, el trabajo de diseño se realiza por un precio fijo cotizado para el cliente y utiliza un software de paisajes para mostrar cómo se verá el diseño final en las diferentes estaciones así como tras varios años de crecimiento.

Cambiar las plantas o instalar césped, realizar trabajos de mantenimiento como cortar el césped o eliminar las malas hierbas y los trabajos estacionales como rastrillas las hojas, con frecuencia son trabajos que se cobran por horas a un precio que oscila entre 10$ y 25$ la hora. Si usted es buena calculando el tiempo necesario para hacer un trabajo, haga el cálculo con el precio más alto y ofrezca un precio fijo para finalizar el trabajo. Por ejemplo, diga "le cobraré 50$ por limpiar y meter en bolsas todas esas hojas". Si lo puede hacer en dos horas, entonces habrá ganado 25$ en una hora.

Con frecuencia también puede negociar un precio fijo por realizar trabajos de mantenimiento, especialmente si proporciona las herramientas necesarias. En mi zona, cortar el césped y bordearlo en un jardín mediano cuesta 25$ y lleva menos de media hora, así que si los clientes están lo suficientemente cerca, podría realizar dos trabajos en una hora.

Para Mejorar Sus Ganancias

Los precios fijos son la forma correcta de proceder, dado que la gente puede rechazar un precio por hora alto pero aceptan un precio fijo que les parezca apropiado. Asegúrese de ser buena definiendo bien qué trabajo va a completar y determinando el tiempo que necesitará para completar ese trabajo.

Habilidades Necesarias

Para hacer que este trabajo funcione, probablemente necesitará lo siguientes:

- Necesitará estar en buena forma física para realizarlo

- Necesitará la capacidad de trabajar con herramientas comunes de trabajos de jardín así como con las cortadoras de césped y podadoras

Qué Necesita Para Comenzar

Puede comenzar simplemente consiguiendo su primer cliente pero puede cobrarle más y un precio fijo si tiene su propio equipo. Necesitará un equipo básico como una cortadora de césped, una podadora, una rebordeadora y un rastrillo además de una forma para transportarlos (por ejemplo una pickup o un remolque). Puede comprar estos artículos en mercadillos caseros si no tiene mucho dinero para empezar.

Hacer Que Funcione con Niños

Dado que va a estar en el exterior, sus niños por lo general pueden ir con usted, siempre y cuando permanezcan alejados del equipo. Sin embargo, es mejor no dejarles que la ayuden a no ser que sean lo suficientemente mayores para poder realizar bastante trabajo y haciéndoselo saber previamente a los clientes. Si ha puesto un precio fijo, normalmente no pondrán objeciones. Si va a cobrar por horas, o bien necesitará incluir su trabajo gratis o explicar con antelación que tendrá un ayudante y cuál será su precio. Un ayudante que esté en la escuela de secundaria podría tener un precio inferior mientras que un hijo que esté en preparatoria podría cobrar el precio completo dado que puede completar tanto trabajo como un adulto.

Asistente Personal

¿Qué Es?

Un asistente personal ayuda a alguien con sus tareas y encargos administrativos, según se necesite. Puede incluir tareas como recoger correo, escribir cartas, realizar llamadas de teléfono y citas y entregar el trabajo completado a los clientes o a una oficina.

Aspectos Económicos

Generalmente, este tipo de trabajo se realiza por horas. Dependiendo de sus capacidades, podría variar entre 10$ y 40$ la hora.

Para Mejorar Sus Ganancias

- Ofrezca capacidades especializadas, como trabajos con hojas de cálculo o bases de datos.

- Contrate a una asistente para ayudarla con trabajos rutinarios más fáciles pagando una tarifa inferior que la que le cobra al cliente. Aún es usted la responsable de la calidad de su trabajo, así que necesitará ser cuidadosa durante su proceso de contratación.

Habilidades Necesarias

Para hacer que este trabajo funcione, probablemente necesitará lo siguiente:

- Capacidades necesarias para realizar el trabajo. Esto variará dependiendo de los diferentes puestos.

- Grandes capacidades organizativas y atención al detalle para asegurarse de que todo se realice según las especificaciones del cliente.

Qué Necesita Para Comenzar

Simplemente a un cliente que necesite las capacidades que usted posee.

Hacer Que Funcione con Niños

Con frecuencia, este tipo de trabajo se realiza fuera del sitio – normalmente en su casa, o mientras maneja un automóvil, así que sus niños probablemente puedan ir con usted en la mayoría de estos puestos.

Diseñadora de Interiores

¿Qué Es?

Proporcionar servicios de decoración para casas o empresas, incluyendo pintar, poner cortinas y seleccionar mobiliario y piezas de arte.

Aspectos Económicos

Este trabajo puede realizarse cobrando por horas o con un precio fijo (usted proporciona un precio determinado para realizar servicios específicos). Las tarifas específicas variarán bastante según su experiencia y según las necesidades del cliente, así que querrá realizar una investigación a nivel local para determinar sus precios. Además, los diseñadores normalmente cobran un porcentaje de recargo (en torno al 10%) sobre todos los artículos seleccionados para comprar, como piezas de arte y mobiliario.

Para Mejorar Sus Ganancias

- Una vez que tenga algunos clientes satisfechos para que la recomienden y hablen sobre su trabajo con otros clientes potenciales, es probable que pueda subir sus tarifas.

Habilidades Necesarias

Para hacer que esto funcione, probablemente necesite lo siguiente:

- Capacidad para escuchar los objetivos de su cliente y trasladarlos a decisiones apropiadas de diseños y mobiliario.

- Sería útil tener algunas habilidades básicas de instalación para que no tenga que subcontratar todo el trabajo.

Qué Necesita Para Comenzar

Solo ese primer cliente. Comience anunciando su nuevo negocio a amigos y familiares para ver si puede conseguir algún "conocido" como su primer cliente.

Hacer Que Funcione con Niños

Cuando esté en la casa o en la propiedad de alguien, debería dejar a los niños en casa con su esposo, amiga o niñera. Pueden ir con usted cuando vaya a comprar muebles y materiales siempre y cuando puedan ser pacientes mientras compra.

Costurera

¿Qué Es?

Confeccionar ropa personalizada para las personas, alterar prendas existentes o coser objetos del hogar por encargo, como cortinas y fundas o coser objetos personalizados por encargo o para vender.

Aspectos Económicos

Dependerán de lo que ofrezca. En general se cotizan precios fijos por un trabajo específico, así que necesitará llevar un control cuidadoso de las horas y de los materiales para asegurarse de que esté cobrando un precio justo por sus esfuerzos.

Para Mejorar Sus Ganancias

Si realiza objetos personalizados, puede que también quiera venderlos por Internet. Yo he comprado muchos objetos hechos a mano como bolsas de mano, conjuntos para cunas y sábanas portables para cunas en ebay.com. Si tiene la destreza para realizar esto, coloque juntos algunos objetos bonitos o sets y véndalos en línea por eBay o Etsy (hay más información sobre esto en el capítulo "Vender Productos En Línea).

Habilidades Necesarias

Para realizar esto, probablemente necesite lo siguiente:

- Excelentes habilidades para coser.

- Buenas capacidades organizativas para asegurarse de tener listo el trabajo a tiempo y para mantener un registro de todos los tiempos y gastos a fin de asegurarse de que está ganando dinero con su negocio.

Qué Necesita Para Comenzar

Por lo general, necesitará una máquina de coser y una selección de suministros básicos como hilo y alfileres. Las características de la máquina determinarán lo que usted puede ofrecer. Por ejemplo, necesitará una máquina bordadora para bordar los nombres en los uniformes de karate. Si va a realizar artículos personalizados, también necesitará tener existencias de tela. Sea creativa si lo necesita. Una sábana de cama que esté en buen estado puede convertirse en prendas de ropa personalizadas o en sábanas para cuna y unas sábanas usadas pero en buen estado son mucho más baratas (¡piense en los mercadillos caseros!) que las telas nuevas. (Algunas estarán pensando "¡qué burdo! "pero... ¡tan solo lávelas y estarán perfectas! Además, estará ayudando al medio ambiente reutilizando objetos que de otra manera podrían botarse sin más).

También querrá comenzar a hacer contactos con personas que le puedan enviar clientes. Por ejemplo, antes hablé de la Orden Internacional de las Niñas del Arcoiris. Las chicas de esta organización necesitan de media dos vestidos cada año así que un contacto en esa organización podría proporcionarle mucho trabajo. Muchas tiendas pequeñas de ropa y lavanderías subcontratan arreglos de ropa y las mueblerías locales podrían agradecer tener el nombre de alguien que pudiera hacer cortinas que fueran a juego con los muebles comprados por un cliente.

Hacer Que Funcione con Niños

Dado que la mayor parte de este trabajo se realiza en casa, es fácil combinarlo con los niños. También puede hacer que la gente vaya a su casa para probarse la ropa.

Instructora de Fitness o Entrenadora Personal

¿Qué Es?

Dirigir clases grupales de fitness o ayudar a las personas a crear y mantener un programa de ejercicios.

Aspectos Económicos

Estos pueden variar bastante, dependiendo de si trabaja para un programa ya existente en donde la empresa localiza a los clientes y le paga una tarifa a usted o si va a diseñar y crear su propio programa y a localizar a los clientes por su cuenta. Por ejemplo en mi área, es normal pagar de 40$ a 50$ la hora por un entrenador personal. Si encuentra los clientes usted misma y trabaja con ellos, ese dinero es suyo. Sin embargo, si trabaja para un gimnasio que le encuentre los clientes y les programe para que usted les entrene, probablemente solo obtendrá 10$ o 20$ la hora. Con las clases grupales pasa algo parecido. Si trabaja para una organización e imparte las clases de fitness, probablemente le paguen una tarifa por hora o en algunos casos, una cantidad determinada por persona que asista. Sin embargo, si usted encuentra los clientes por sí misma para su curso de Entrenamiento al Estilo Militar o de Aeróbic, todo lo que gane será para usted.

Es complicado crear las clases usted misma – además del esfuerzo de marketing, necesitará encontrar un lugar para realizar las clases. Un Entrenamiento al Estilo Militar podría ser fácil – haga que se encuentren con usted en el parque, por ejemplo. Para los entrenamientos personales, necesita una ubicación con el equipamiento adecuado que le permita llevar clientes y trabajar con ellos (los gimnasios que ofrecen sus propios entrenamientos personales con frecuencia no permiten esto).

Para Mejorar Sus Ganancias

- Ofrezca o enseñe cursos adicionales

- Si pagan por asistente, enseñe a grupos más grandes

- Ofrezca cursos especializados, que pueda cobrar a un precio más alto – quizás clases de "post-parto", cursos para habilidades deportivas o cursos utilizando ejercicios especializados, como Pilates.

- Suba sus precios una vez que tenga varios clientes que estén dispuestos a dar referencias y una agenda prácticamente llena. Probablemente es mejor no hacerlo demasiado pronto porque podría perder algunos clientes y atraer a unos pocos pero si tiene las habilidades y la experiencia, definitivamente debería cobrar de forma apropiada.

Habilidades Necesarias

Para realizar este trabajo, probablemente necesite lo siguiente:

- Un alto nivel de forma física. Con frecuencia se necesita más energía para impartir el curso que asistir a él, dado que tendrá que hablar mientras hace las demostraciones. Si es una entrenadora personal, su propio físico es su mejor publicidad, así que querrá estar "mejor que la media".

- Un certificado de fitness de algún tipo, tanto para poseer el entrenamiento y conocimiento adecuado para evitar lesionar a sus clientes como para que pueda obtener un seguro en caso de que alguien se lastime. Existen muchos y diferentes programas de certificados. Los que parecen tener más credibilidad son los ACE, NSCA, ISSA y ACSM. Haga una investigación antes de seleccionar su certificado. Contacte con programas de fitness y pregúnteles el tipo de certificado que tienen los entrenadores o instructores. También hay muchos "certificados" en línea que le enviarán un certificado a cambio de una cantidad simbólica y un pequeño cuestionario, pero eso realmente no le proporcionará ninguna habilidad ni entrenamiento que pueda ofrecer en el mercado, ¡así que tenga cuidado con las estafas!

Qué Necesita Para Comenzar

En general, solo un empleo como instructora o un cliente y un lugar para enseñarle. Como dije, las certificaciones también son una buena idea aunque no siempre es un paso necesario.

Hacer Que Funcione con Niños

En algunos casos, es fácil – si está impartiendo entrenamiento de Tipo Militar y tiene un niño ¡llévelo con usted! Muchos centros de fitness tienen un centro de cuidado de niños y permiten a los instructores llevar a sus niños gratis mientras están dando clases en el centro.

En caso de otros cursos de fitness o entrenamientos personales, es probable que necesite la ayuda de su marido, una amiga o una niñera.

8

Enseñar

Si disfruta enseñando nuevas cosas a los demás, puede crear un negocio a partir de eso. Los padres quieren que sus niños tengan muchas experiencias y habilidades diferentes y probablemente no puedan proporcionarles el entrenamiento por ellos mismos. Muchos adultos vuelven a la escuela para mejorar sus conocimientos así que existe un mercado para enseñarles o darles clases particulares. Continúe leyendo para conocer las diferentes formas que hay para hacer que su pasión por ayudar a los demás se convierta en un negocio.

Clases Particulares – Presenciales o En Línea

¿Qué Es?

Ayudar a los niños con sus deberes escolares o con otras tareas, incluyendo lectura, matemáticas, otras materias académicas, técnicas de estudio y organización del trabajo.

Aspectos Económicos

En mi área, las tarifas de clases particulares varían entre 10$ y 30$ la hora, dependiendo de la dificultad del estudio y de las cualificaciones del profesor. Podría también ofrecer clases particulares en grupo sobre determinadas materias o para preparar una prueba específica. La tarifa sería inferior, entre 5$ y 10$ la hora por estudiante, pero podría enseñar a varios estudiantes a la vez.

Para Mejorar Sus Ganancias

- Céntrese en clases a grupos. Los grupos más grandes son más provechosos siempre y cuando funcionen con el contenido de estudio.

- Aumente sus tarifas. Probablemente necesitará unos pocos casos de éxito para poder hacerlo pero una vez que haya ayudado claramente a esos pocos niños, pida a sus padres testimonios por escrito para que pueda compartirlos en su sitio web y con sus clientes potenciales e incrementar su tarifa.

Habilidades Necesarias

Para realizar este trabajo, probablemente necesite lo siguiente:

- Un alto nivel de conocimiento en la materia o materias relevantes.

- Grandes dotes de enseñanza.

- Mucha paciencia y buena capacidad para trabajar con niños – especialmente con aquellos que son difíciles, dado que la frustración de estar por detrás en la escuela puede generar algún comportamiento desagradable en sus clientes.

Qué Necesita Para Comenzar

- Materiales adecuados para enseñar las materias de las que ofrece clases particulares.

Hacer Que Funcione Con Niños

Dado que los padres le están pagando para centrarse en las necesidades de aprendizaje de sus hijos, probablemente no es adecuado tener a sus niños en la misma habitación. Es probable que necesite que su marido o niñera cuiden de ellos – en otra habitación si está dando clases en su casa o en otro lugar si da clases particulares en una academia o en la casa del cliente. Otra opción es alternar con otra madre que también necesite estar tiempo lejos de sus niños. Cada una realiza su turno con todos los niños una o dos veces a la semana, ¡así la otra mamá puede ir a trabajar!

Lecciones Particulares

¿Qué Es?

Enseñar lecciones particulares en un campo que tenga mucho conocimiento. Puede modificar las opciones para que se ajusten a sus preferencias. Por ejemplo, los cursos de idiomas se pueden impartir a personas, familias o grupos. Las lecciones de piano se pueden enseñar en su casa o en la del cliente. Muchos conocimientos, incluso los idiomas y los conocimientos técnicos, se pueden enseñar en línea utilizando un programa en donde el cliente pueda ver su pantalla o a través de videoconferencia.

En muchas áreas, existen catálogos formales de cursos a los que puede enviar una propuesta. Aunque necesitará darles un porcentaje o una cantidad fija de los ingresos, ellos se encargarán del marketing (a través de la distribución de los catálogos de cursos), inscripciones y pagos y con frecuencia proporcionarán o dispondrán una sala para impartir el curso. Una vez que haya identificado los proveedores locales de estos cursos, necesitará evaluar si su curso propuesto puede encajar en su programación. Si es así, llame y pregúnteles acerca de la solicitud o del proceso de propuestas.

En mi área local, existen curos a través del distrito escolar, el colegio universitario municipal y la extensión universitaria. En ciudades más grandes en las que he vivido, también había publicaciones de tipo magacín que listaban muchos cursos ofrecidos por diferentes personas para los que se podría inscribir.

Aspectos Económicos

Estos variarán según esté encontrando clientes por su cuenta o trabajando a través de una organización recomendadora. Usted misma puede obtener una buena idea de las tarifas adecuadas para encontrar y enseñar a los clientes, buscando a otros proveedores locales de estos servicios y llamándoles para conocer sus tarifas y servicios ofrecidos. Si está trabajando a través de otra organización, le explicarán su programa de coparticipación cuando contacte con ellos para obtener más información. En mi área, las lecciones como idiomas y música impartidas por un instructor experimentado a un estudiante, van desde los 20$ a los 50$ por hora.

Para Mejorar Sus Ganancias

- Ofrezca servicios adicionales que sus estudiantes puedan necesitar. Puede obtener algunas ideas cuando contacte con otros proveedores locales de lecciones para determinar los precios.

- Incremente sus tarifas por hora (si piensa que sus clientes las pagarán en lugar de cambiarse a otro proveedor).

- Enseñe lecciones en grupo si es posible en su campo. Cobrará una tarifa inferior a cada asistente pero requiere un número mínimo de estudiantes inscritos para enseñar la lección o curso y resultará en una tarifa por hora más alta para usted.

- Tenga productos o servicios relacionados disponibles para sus clientes con un recargo razonable. Por ejemplo, podría vender libros de música, libros de idiomas, uniformes, packs añadidos especializados como por ejemplo software para computadoras, según necesiten sus estudiantes. Por favor, tenga en cuenta que si vende artículos (como en todos estos ejemplos), necesitará una autorización de impuestos sobre ventas por parte de su agencia estatal tributaria. Podrá comprar artículos sin pagar el impuesto sobre las ventas (y posiblemente con un descuento), pero necesitará recaudar los impuestos de sus clientes y remitirlos a la agencia estatal de forma regular, por lo general mensualmente o trimestralmente, dependiendo de su volumen de ventas. Necesitará realizar un control cuidadoso de sus compras y ventas en esta situación. También puede necesitar proporcionar un depósito de seguridad con la agencia tributaria a la hora de crear su cuenta; según mi experiencia, son unos 100-200 para un vendedor pequeño, pero claro, todas las agencias tienen sus propias políticas.

Habilidades Necesarias

Para hacer que este trabajo funcione, probablemente necesite lo siguiente:

- Experiencia en un campo y la capacidad de enseñar a otros sus conocimientos. En muchos campos, puede comprar un plan de estudios si no tiene mucha experiencia impartiendo conocimientos. Esto también le brinda la oportunidad de proporcionar los materiales de estudio necesarios para sus estudiantes por un costo adicional.

- Buenas capacidades organizativas. Necesitará realizar un seguimiento de los tiempos de las lecciones, facturas y pagos, progresos de los estudiantes, a fin de que pueda asegurarse que las lecciones corresponden con sus conocimientos y capacidades actuales y probablemente muchos otros asuntos relacionados con su oferta específica. Es crucial que haga esto bien. Incluso una profesora sobresaliente perderá rápidamente a sus alumnos si tiene problemas administrativos, como perder lecciones y si no es buena facturando y cobrando las lecciones, rápidamente se encontrará con que sus estudiantes no pagan y dejarán de venir si les presiona. Hay un viejo dicho: "el valor de los servicios se devalúa una vez que han sido proporcionados". Esto quiere decir que los estudiantes estarán mucho más interesados en pagarle por adelantado o inmediatamente después de recibir los servicios. Según pasa el tiempo y olvidan el beneficio recibido de sus lecciones y según sus saldos aumentan, estarán menos y menos dispuestos a pagar la cantidad debida.

Qué Necesita Para Comenzar

Lo más importante que necesita es un plan para los servicios que ofrecerá y una decisión sobre dónde y cómo los comercializará.

También en su plan debería pensar en la programación y el seguimiento de las lecciones y en la facturación y cobro de pagos con anticipación. Como mínimo, necesitará un calendario para realizar un seguimiento de las lecciones y alguna manera (quizás incluso un registro) de realizar un seguimiento de las facturas dadas a los clientes y del dinero cobrado. También existen programas en línea disponibles para administrar lecciones; quizás quiera echarles un vistazo para ver si la relación calidad-precio es buena para el tamaño de su negocio. Yo realicé una búsqueda rápida en Google de "programación de lecciones y facturación" y encontré varias opciones, incluyendo algunas específicamente para tutores y profesores de música. Esto puede tener beneficios adicionales como enviar recordatorios de lecciones a sus estudiantes, permitir la programación a través de Internet y realizar un seguimiento de los recibos que han sido pagados.

Hacer Que Funcione con Niños

Dado que se le paga por centrarse en las necesidades de aprendizaje, probablemente no es adecuado tener a sus hijos en la misma sala. Seguramente necesite que su marido o niñera cuiden de ellos en otra habitación si está dando clases en su casa o en otro lugar si está en el emplazamiento de un negocio o en la casa del cliente. Otra opción es alternar con otra madre que también necesite estar tiempo lejos de sus niños. Cada una realiza su turno con todos los niños una o dos veces a la semana, ¡así la otra mamá puede ir a trabajar!

Impartir Clases a Adultos

¿Qué Es?

Impartir clases a adultos en un centro educativo. La mayoría de centros exigen una licenciatura superior en el campo temático que desea enseñar, aunque una escuela vocacional podría tener otros requisitos para demostrar capacidad en el campo temático. También necesitará demostrar experiencia laboral práctica y tener buenas referencias. Algunas opciones para impartir clases incluyen colegios universitarios municipales, departamentos de extensión universitaria (también llamados estudios ampliados), escuelas vocacionales, y la Universidad de Phoenix u otros programas vespertinos de educación de adultos.

Aspectos Económicos

La compensación por impartir clases varía. Por lo general, todo el profesorado de estas instituciones a tiempo parcial cobrará en base equiparable y probablemente le den esta información al principio del proceso de contratación. Puede incluso encontrarlo en línea; el colegio universitario de mi comunidad establece un salario de 730$ por carga horaria por impartir clases en cualquiera de sus cursos.

Para Mejorar Sus Ganancias

- De clases en cursos adicionales. Esto incluye el beneficio obvio de que se le pague el doble por dos cursos y el hecho de que algunas de estas instituciones ofrecen un aumento después de que se enseña a un determinado número de cursos.

Habilidades Necesarias

Para hacer que este trabajo funcione, probablemente necesite lo siguiente:

- Alguna capacidad para enseñar de forma natural y entretenida. Muchos de estos centros le ofrecerán capacitación formal de habilidades una vez que la contraten así que quizás no necesite ninguna experiencia previa dando clases.

Qué Necesita Para Comenzar

Normalmente, los instructores en este tipo de programas no necesitan ninguna licencia formal de enseñanza o experiencia pero necesitan un número de años de experiencia con trabajos relevantes en un campo profesional relacionado además de una licenciatura superior en un campo relacionado. Si identifica instituciones potenciales en su área que podrían contratar profesores a tiempo parcial, puede buscar en línea "empleo en (escriba aquí el nombre de la institución)" y encontrar la información que le indicará los requisitos específicos en su institución.

Hacer Que Funcione con Niños

No podrá llevar a los niños con usted así que necesitará ayuda de su marido, amiga o niñera.

Impartir Clases a Adultos En Línea

¿Qué Es?

Impartir clases en un foro o clase en línea. La mayoría requerirán una licenciatura de grado superior en el área de la materia que desea impartir; algunos requieren un doctorado o un PhD. También necesitará aportar experiencia laboral en el campo, tener buenas referencias y tener buenos conocimientos informáticos.

Aspecto Económicos

La compensación por impartir clases varía. Por lo general, todo el profesorado a tiempo parcial de estas instituciones cobrarán en base equiparable y probablemente le den esta información al principio del proceso de contratación. Puede incluso encontrarlo en línea; el colegio universitario de mi comunidad establece un salario de 730$ por carga horaria por impartir clases en cualquiera de sus cursos.

Para Mejorar Sus Ganancias

- De clases en cursos adicionales. Esto incluye el beneficio obvio de que se le pague el doble por dos cursos y el hecho de que algunas de estas instituciones ofrecen un aumento después de que se enseña a un determinado número de cursos.

Habilidades Necesarias

Para hacer que este trabajo funcione, probablemente necesite lo siguiente:

- Amplios conocimientos informáticos y sentirse cómoda estando delante de una computadora durante largos períodos de tiempo.

- Buenas capacidades organizativas para mantenerse al día con la evaluación de las tareas, debates en línea y otros plazos de entrega.

- Conexión a Internet de alta velocidad y fiable en su casa y una computadora que cumpla las especificaciones de la universidad.

Qué Necesita Para Comenzar

Normalmente, los instructores en este tipo de programas no necesitan ninguna licencia formal ni experiencia en la enseñanza, pero necesitan un número de años de experiencia con trabajos relevantes dentro de un campo profesional relacionado además de una licenciatura superior relacionada. Algunas también requieren experiencia previa en enseñanza en línea.

Puede buscar por Internet las "principales universidades en línea". Aquí tiene como ejemplo las siete universidades en línea más importantes según el Huffington Post a Diciembre de 2011 (http://www.huffingtonpost.com/2011/12/16/the-7-largest-online-univ_n_1154135.html). Incluye:

- Universidad de Phoenix

- Universidad Kaplan

- Universidad Strayer

- Universidad Ashford

- Universidad Liberty

- Universidad Walden

- Universidad de Maryland

¡Estas por supuesto son solo las principales! Puede encontrar muchas más buscando listas de "principales universidades en línea" o buscando puestos en un motor de búsqueda usando "puestos de profesorado en línea" o una búsqueda parecida.

Cuando tenga algunos nombres, busque en línea "empleo en (ponga el nombre de la institución aquí)" y encuentre su página de información de empleo donde podrá ver los requisitos específicos para la institución.

También puede ver que muchas universidades locales ofrecen algunos cursos en línea. Por ejemplo, en la universidad de mi comunidad hay varios cursos en línea.

También hay algunos grandes sitios de empleo que incluyen puestos de profesorado en línea y que tienen "agentes de empleo" que le enviarán diariamente puestos que se ajusten a su búsqueda. Tengo tres búsquedas diferentes que uso para puestos en línea: "profesorado en línea", "instructor en línea" y "profesora – en línea". Estos son los sitios que he descubierto que ofrecen varios puestos:

- Simply Hired http://www.simplyhired.com

- Higher Ed Jobs http://www.higheredjobs.com

- Indeed http://www.indeed.com

Hacer Que Funcione con Niños

Dado que trabajará desde su casa, solo necesita algo de tiempo sin interrupciones para trabajar. En la mayoría de las instituciones puede ser en cualquier momento del día siempre y cuando sea con un horario regular. Puede necesitar bloques de dos horas, cuatro días a la semana, por ejemplo.

Escolarización en Casa o Enriquecimiento Después de la Escuela

¿Qué Es?

Enseñar cursos o conocimientos específicos para niños que reciben educación escolar en casa o como enriquecimiento después de la escuela. Dado que esto es "enriquecimiento", no necesitará una licencia de enseñanza. Es comparable a impartir lecciones de música o de idiomas pero en otra área de conocimientos como ciencias, mitología, artes o algún otro tipo de tema en el que tenga mucho conocimiento y entusiasmo.

Aspectos Económicos

Estos variarán según esté encontrando clientes por su cuenta o trabajando a través de una organización recomendadora. Usted misma puede obtener una buena idea de las tarifas adecuadas para encontrar y enseñar a los clientes, buscando a otros proveedores locales de estos servicios y llamándoles para conocer sus tarifas y servicios ofrecidos. Si está trabajando a través de otra organización, le explicarán su programa de coparticipación cuando contacte con ellos para obtener más información. En mi área, calculo que las lecciones grupales están sobre 5-10 la hora por estudiante; los precios podrían ser más altos en áreas urbanas y para materias más especializadas.

Para Mejorar Sus Ganancias

- Incremente el tamaño de sus clases, si es adecuado para la materia que imparte.

- Ofrezca cursos más prestigiosos de "especialidad" a un precio más alto.

- Tenga productos o servicios relacionados disponibles para sus clientes con un recargo razonable. Esto podría incluir una tarifa para materiales del curso que cubra los costos de artículos necesarios para el curso a un precio fijo, por ejemplo.

- Experiencia en un campo y la capacidad de enseñar a otros sus conocimientos. En muchos campos, puede comprar un plan de estudios si no tiene mucha experiencia impartiendo conocimientos. Esto también le brinda la oportunidad de proporcionar los materiales de estudio necesarios para sus estudiantes por un costo adicional.

- Buenas capacidades organizativas. Necesitará realizar un seguimiento de los tiempos de las lecciones, facturas y pagos, progresos de los estudiantes, a fin de que pueda asegurarse que las lecciones corresponden con sus conocimientos y capacidades actuales y probablemente muchos otros asuntos relacionados con su oferta específica. Es crucial que haga esto bien. Incluso una profesora sobresaliente perderá rápidamente a sus alumnos si tiene problemas administrativos, como perder lecciones y si no es buena facturando y cobrando las lecciones, rápidamente se encontrará con que sus estudiantes no pagan y dejarán de venir si les presiona. Hay un viejo dicho: "el valor de los servicios se devalúa una vez que han sido proporcionados". Esto quiere decir que los estudiantes estarán mucho más interesados en pagarle por adelantado o inmediatamente después de recibir los servicios. Según pasa el tiempo y olvidan el beneficio recibido de sus lecciones y según sus saldos aumentan, estarán menos y menos dispuestos a pagar la cantidad debida.

Qué Necesita Para Comenzar

Lo más importante que necesita es un plan para los servicios que ofrecerá y una decisión sobe dónde y cómo los comercializará.

Puede que necesite comprar artículos del plan de estudios.

También en su plan debería pensar en la programación y el seguimiento de las lecciones y en la facturación y cobro de pagos con anticipación. Como mínimo, necesitará un calendario para realizar un seguimiento de las lecciones y alguna manera (quizás incluso un registro) de realizar un seguimiento de las facturas dadas a los clientes y del dinero cobrado. También existen programas en línea disponibles para administrar lecciones; quizás quiera echarles un vistazo para ver si la relación calidad-precio es buena para el tamaño de su negocio. Yo realicé una búsqueda rápida en Google de "programación de lecciones y facturación" y encontré varias opciones, incluyendo algunas específicamente para tutores y profesores de música. Esto puede tener beneficios adicionales como enviar recordatorios de lecciones a sus estudiantes, permitir la programación a través de Internet y realizar un seguimiento de qué recibos han sido pagados.

Hacer Que Funcione con Niños

Si sus niños tienen una edad adecuada y está impartiendo clases en un grupo, probablemente pueda incluir a sus niños en el mismo. De lo contrario, es probable que necesite que su marido o niñera cuiden de ellos en otra habitación si está dando clases en su casa o en otro lugar si está en el emplazamiento de un negocio o en la casa del cliente. Otra opción es alternar con otra madre que también necesite estar tiempo lejos de sus niños.

9

Cuidado de Niños

¡Una de las formas más obvias de obtener ingresos cuando tiene niños es cuidar es cuidar de otros niños a la vez! Comenzar con un servicio de cuidado de niños desde su casa puede ser una opción, pero también es un gran compromiso y puede limitar su flexibilidad con su propia familia. En esta sección hablaremos sobre guarderías en casa y sobre otras opciones que pueden proporcionar ingresos con un poco menos de compromiso.

Guardería En Casa

¿Qué Es?

Tradicionalmente, un servicio de guardería es el que se encarga de cuidar de los niños de otras personas de forma periódica, quizás todas las mañanas durante cinco días a la semana o dos veces a la semana durante todo el día mientras están en el trabajo. También pueden ser días completos o incluso 12 horas al día o servicios durante toda la noche.

Aspectos Económicos

Los precios del cuidado de niños varían ampliamente en diferentes áreas así que querrá investigar algo sobre esto. Una de las formas más sencillas de hacerlo es con craigslist.org a través de la sección cuidado de niños. Probablemente encontrará a alguien que ponga sus tarifas de guardería en casa y si no, puede llamar para averiguar sus horarios y precios.

En mi área, un precio bastante común es de 100$ a 125$ a la semana para guardería infantil en casa y a tiempo completo. También podría considerar un turno por las tardes-noches o por toda la noche para padres que realizan turnos nocturnos, dado que habrá mucha menos competencia en este horario y lo que cobre se generará en gran parte mientras los niños están durmiendo.

Para Mejorar Sus Ganancias

- Ajuste el número de niños que puede aceptar, quizás contratando a una asistente o ayudante.

- Ofrezca servicios adicionales para los niños, que puede proporcionarles en su guardería y cobrarles un recargo o hacer que el proveedor de los servicios le reintegre un porcentaje. Esto podría incluir cosas como ballet, lecciones musicales o clases de deporte.

- Ofrezca comidas por una cantidad fija, quizás 2$ por desayunos y 3$ por almuerzos. Puede proponer comidas saludables y baratas, como avena con bananas y leche para el desayuno y frijoles y arroz para almorzar.

- Ofrezca horarios ampliados en alguna ocasión, como "salidas nocturnas de los padres", y que los niños se queden hasta más tarde para que los padres puedan salir a cenar o quizás un Sábado durante la época de compras navideñas o estar dispuesta a cuidar de los niños durante las noches o fines de semana en que sus padres necesiten viajar fuera.

Habilidades Necesarias

Lo primero que necesita para realizar un trabajo de guardería es que le gusten los niños y tener la capacidad de llevarse bien con ellos. También necesitará ser organizada y no enfermar mucho, dado que las personas cuentan con usted para que cuide a sus niños mientras están trabajando y si no está disponible tendrán que llamar al trabajo para excusarse por enfermedad ¡y podrían perder su empleo!

Qué Necesita Para Comenzar

Necesitará conocer los reglamentos que rigen en su área para asegurarse de que cumple con los requisitos establecidos por la ley. En muchas áreas, ofrecer servicios de guardería sin licencia está permitido siempre que tenga un número pequeño de niños. También puede que necesite estar licenciada (y cobrar más si lo está) pero esto supone tiempo, una revisión de sus antecedentes y los gastos que conllevan las licencias e inspecciones. Puede que haya reglas que tenga que cumplir en términos de preparación de comidas (si ofrece esto).

Necesitará un lugar adecuado para ofrecer el servicio. Tendrá que tener elementos adecuados a la edad de los niños que cuidará, incluyendo el acceso a una zona de juegos al aire libre o un lugar tranquilo para la siesta de los más pequeños así como un lugar para estudiar para aquellos niños en edad escolar. Necesitará protecciones en el lugar, especialmente con niños más pequeños y probablemente acceso a un baño, cocina, lavadora y secadora. También necesitará un lugar adecuado para tirar los pañales sucios y otros objetos contaminados y una forma de llevar un control de las botellas, tazas, ropas, carteras, etc. de los diferentes niños.

Es buena idea tener un lugar especial para los mensajes, quizás una pizarra en blanco al lado del teléfono, para que pueda escribir información especial como alergias alimentarias, horas de recogida inusuales (¡para que no les sorprendan en el parque!) y números de contacto.

Hacer Que Funcione con Niños

Este es un negocio en donde es bastante fácil incluir a sus niños. Solo necesitará investigar si sus niños computarán en los ratios de guarderías con los que tenga que cumplir. A sus niños que sean suficientemente mayores, tiene que hacerles comprender que usted tiene que compartir su tiempo y atención con todos los niños presentes.

Cuidado de Niños Enfermos o Por Llamada

¿Qué Es?

Cuidar a niños que no pueden asistir a su lugar habitual de custodia debido a una enfermedad menor o proporcionar cuidado a niños debido a una emergencia para aquellos padres que tienen una necesidad urgente, como aquellos que trabajen en el cuerpo de bomberos o en el hospital según les llamen.

Aspectos Económicos

Generalmente este es un trabajo que se cobra por horas y las tarifas son más altas que el cuidado de niños habitual en su área debido a su naturaleza de tener que estar disponibles antes una llamada.

Para Mejorar Sus Ganancias

- Tener varios niños en su casa al mismo tiempo. Por ejemplo, podría funcionar si trabaja con varias familias de la misma estación de bomberos.

Habilidades Necesarias

Para servicios por llamada, necesita un horario bastante flexible para que pueda estar disponible cuando se la necesite. Si no lo está, los padres buscarán a otra persona.

Para servicios a niños enfermos, además de flexibilidad también necesitará estar preparada para este tipo de servicios. Algún tipo de capacitación médica podría ser una ventaja, especialmente dado que los niños con enfermedades menores ocasionalmente se ponen más enfermos y necesitará tener los conocimientos para saber qué hacer en esas situaciones.

Qué Necesita Para Comenzar

Necesitará revisar muy bien las regulaciones de su área antes de comenzar con un servicio de atención a niños enfermos dado que en algunas se requiere tener capacitación médica para cuidar a niños que tengan enfermedades que les impide asistir a sus lugares habituales de custodia.

De lo contrario, simplemente necesita un lugar y una licencia que cumpla con los requisitos locales.

Hacer Que Funcione con Niños

Este es un negocio en donde es bastante fácil incluir a sus niños; solo necesitará investigar si contará en ratios de guarderías con los que tenga que cumplir. Necesitará explicar a los niños que sean suficientemente mayores que comprendan que tendrá que compartir su tiempo y atención con todos los niños presentes y ayudar a sus hijos a comprender que necesitan dejar tranquilo a cualquier niño enfermo.

Cuidados por Vacaciones Escolares, Por Descansos o Después de la Escuela

¿Qué Es?

Ofrecer cuidados de niños durante los descansos escolares u ofrecer cuidados después de la escuela, en donde usted recoge a los niños en la escuela y cuida de ellos hasta que sus padres salgan de trabajar.

Aspectos Económicos

Los precios del cuidado de niños varían ampliamente en diferentes áreas así que querrá investigar algo sobre esto. Una de las formas más sencillas de hacerlo es con craigslist.org a través de la sección cuidado de niños. Probablemente encontrará a alguien que ponga sus tarifas para cuidados en épocas de descanso escolar y para después de la escuela y si no, puede llamar para averiguar sus horarios y precios.

Para Mejorar Sus Ganancias

- Ofrezca actividades especiales como deportes o clases de español. Un programa de especialidad será adecuado para menos estudiantes pero puede tener un precio más alto.

- Ofrezca clases particulares después de la escuela o enseñe lecciones extra como clases de ciencia o de cocina.

Habilidades Necesarias

Para hacer que este trabajo funcione, probablemente necesite lo siguiente:

- Grandes habilidades para tratar con niños y que le guste estar con ellos.

- Buenas capacidades organizativas para asegurarse de que cumple con los compromisos que acuerda con los padres sobre el tipo de programa o actividades que recibirán sus niños.

Qué Necesita Para Comenzar

Necesitará conocer los reglamentos que rigen en su área para asegurarse de que cumple con los requisitos establecidos por la ley. En muchas áreas, ofrecer servicios de guardería sin licencia está permitido siempre que tenga un número pequeño de niños. También puede que necesite estar licenciada (y cobrar más si lo está) pero esto supone tiempo, una revisión de sus antecedentes y los gastos que conllevan las licencias e inspecciones. Puede que haya reglas que tenga que cumplir en términos de preparación de comidas (si ofrece esto).

Necesitará un lugar adecuado para ofrecer el servicio. Tendrá que tener elementos adecuados a la edad de los niños que cuidará, incluyendo el acceso a una zona de juegos al aire libre o un lugar tranquilo para la siesta de los más pequeños así como un lugar para estudiar para aquellos niños en edad escolar. Necesitará protecciones en el lugar, especialmente con niños más pequeños y probablemente acceso a un baño, cocina, lavadora y secadora. También necesitará un lugar adecuado para tirar los pañales sucios y otros objetos contaminados y una forma de llevar un control de las botellas, tazas, ropas, carteras, etc. de los diferentes niños.

Es buena idea tener un lugar especial para los mensajes, quizás una pizarra en blanco al lado del teléfono, para que pueda escribir información especial como alergias alimentarias, horas de recogida inusuales (¡para que no les sorprendan en el parque!) y números de contacto.

Hacer Que Funcione con Niños

Este es un negocio en donde es bastante fácil incluir a sus niños. Solo necesitará investigar si sus niños computarán en los ratios de guarderías con los que tenga que cumplir. A sus niños que sean suficientemente mayores, tiene que hacerles comprender que usted tiene que compartir su tiempo y atención con todos los niños presentes.

Preescolar desde Casa

¿Qué Es?

Los niños van a su casa o localización, normalmente durante unas pocas horas al día (tenía una amiga con un preescolar que funcionaba tres tardes a la semana) para actividades y lecciones de preescolar.

Aspectos Económicos

Por lo general, veo programas a tiempo parcial con precios que van desde los 5$ hasta los 10$ la hora, que tiene que multiplicar para proporcionar una tarifa semanal o mensual. Las áreas urbanas pueden ser más caras. Con frecuencia los padres firman un contrato o pagan mensualmente. No se proporcionan reembolsos pero los padres pueden pedir una cantidad de tiempo de vacaciones y recibir un descuento por ello. Además, algunos programas ofrecen descuentos para hermanos.

Si asumimos que 7$ es adecuado en su área y usted está ofreciendo preescolar tres mañanas a la semana durante tres horas, podría cobrar 7$/hora x 3 horas/día x 3 días/semana x 4 semanas/mes = 252$ al mes (redondeando 245$ o 250$ para hacer menos obvio que está usando una tarifa por horas para calcularlo). Usando la misma lógica, el rango de 5$ a 10$ la hora podría dar un precio mensual que oscilaría entre 180$ y 360$ al mes. En mi área, he visto programas a tiempo parcial durante cinco mañanas a la semana que cobran 450$/mes así que 250$/mes durante tres días me parece un precio razonable.

El programa del que hablé antes es de 550$/mes para días escolares (9:00am - 3:30pm) y 650$/mes para horarios ampliados (7:30am - 5:30 pm). Creo que es común añadir solo una pequeña tarifa por el servicio de día largo, así que en términos monetarios puede que desee ajustarse solo al programa de mañanas dado que ese posee la mejor y más efectiva tarifa horaria para usted. Este programa ofrece a las madres una oportunidad de realizar algunos encargos mientras sus hijos aprenden y luego llevarlos a casa para que echen una siesta. Si ve que necesita ofrecer un horario más amplio para conseguir clientes suficientes, necesitará volver a calcular la tarifa horaria para asegurarse de que sea una situación que merezca la pena para usted también.

De vuelta al programa de tiempo parcial. Si tiene cinco estudiantes (probablemente un buen ratio para enseñar habilidades preescolares) a 250$/mes durante nueve horas semanales de preescolar, funciona a una tarifa horaria de 35$. Quizás va a necesitar algo de dinero por adelantado para invertir en materiales pero la mayoría de ellos serán reutilizables así que los costos corrientes serán mínimos, probablemente algo de comida para la hora del aperitivo y consumibles como papel y lápices de colores.

Para Mejorar Sus Ganancias

- Proporcione un plan de estudios (o método de aprendizaje formal) a sus estudiantes. Puede cobrar una tarifa más alta si muestra un plan formal a los padres y luego informarles de forma regular acerca de los progresos del estudiante según los objetivos del plan.

Habilidades Necesarias

Para hacer que este trabajo funcione, probablemente necesite lo siguiente:

- Pasión por enseñar y preferiblemente alguna experiencia de enseñanza formal dado que mejorará su credibilidad con los padres

- Que le gusten los niños y que le entusiasme trabajar con ellos

Qué Necesita Para Comenzar

Materiales – los específicos variarán según lo que piense enseñar a los niños. Incluirá probablemente algunos materiales acústicos, aparatos para contar, libros y suministros para las artes. Puede conseguir muchos de estos elementos en un mercadillo casero o en línea con descuentos, a fin de mantener los costos bajos.

Descripción del programa – es un aspecto muy bueno tener un documento que describa cómo gestiona su preescolar y qué va a enseñar a los estudiantes. Puede incluir su información de contacto y puede enviarlo por email o entregárselo a clientes potenciales.

Hacer Que Funcione con Niños

¡Siempre y cuando sus niños no sean muy molestos puede incluirlos! Se pueden unir a las lecciones si tienen la edad apropiada o si no es así, jugar tranquilamente en la habitación. También puede considerar ofrecerse para quedarse con los hermanos más pequeños durante las lecciones por una tarifa mucho menor y contratar a una asistente que jugué con ellos en otra sala junto con sus hijos. Con lo que cobre por una pareja de hermanos probablemente pueda pagar a la ayudante sin costo para usted mientras enseña a sus estudiantes.

Cuidado Tutelar

¿Qué Es?

El cuidado tutelar es tener niños que, por alguna razón, no tienen un hogar al que ir, y se quedan con usted en lugar de en un centro de acogida o en un albergue.

El cuidado tutelar es 24/7 así que asegúrese de que está dispuesta a hacerlo. Existen muchas normas en torno al cuidado de los niños. Creo que en mi área es normal acudir a un curso antes de que puedas aplicar para aceptar niños de acogida y también se requiere una comprobación de antecedentes y un estudio de la casa. También hay reglas que necesitará seguir en términos de métodos de disciplina y acerca de con quién dejará a los niños. Por lo general, no puede dejar a los niños con nadie que no esté también certificado para cuidar de niños de acogida, ni tampoco con uno de sus hijos mayores, ni con una niñera ni con un pariente. Puede que necesite supervisar las visitas de los niños con sus padres y quizás se necesite que los lleve a citas. Algunos niños tienen necesidades adicionales que necesitará manejar, como discapacidades físicas y necesidad de acudir a citas médicas o de terapia y judiciales. Tendrá que reunir ciertos requisitos en términos de la cantidad de espacio en su casa. Un representante del sistema de cuidados tutelares ira a revisar de forma regular la situación. No sabrá con antelación cuánto estará el niño con usted. Si los derechos de custodia de los padres se terminan, generalmente se le permitirá que solicite la adopción permanente. Si lo adopta, los pagos para el cuidado tutelar finalizarán.

Si adora a los niños y puede cumplir las reglas y requerimientos adicionales, ésta podría ser una buena opción. Los pagos mensuales para el cuidado varían, así que necesitará investigar los detalles específicos locales. El pago es mayor para niños con necesidades especiales, como bebés o niños con discapacidades.

Aspectos Económicos

Esto varía ampliamente en las diferentes áreas. Puede buscar información de su área por Internet realizando una búsqueda de tarifas de cuidados tutelares en su ciudad o estado o puede llamar a una agencia local de cuidados tutelares.

Para Mejorar Sus Ganancias

- Ofrézcase a cuidar bebés o niños con necesidades especiales, dado que la compensación normalmente se incrementa con las necesidades adicionales.

- Ofrezca dar acogida a grupos de hermanos para que tenga con usted a varios niños emparentados.

Habilidades Necesarias

Para hacer que este trabajo funcione, probablemente necesite lo siguiente:

- Amor por los niños.

- Capacidad para manejar y cuidar de niños difíciles, dado que muchos niños en cuidados tutelares tendrán circunstancias inusuales o necesidades especiales.

- Se requiere capacitación por parte de su agencia local de cuidados tutelares.

Qué Necesita Para Comenzar

El primer paso sería contactar con su agencia local de Servicios al Menor para obtener información sobre los requisitos del programa que hay en su área. Normalmente necesitará asistir a una clase para asegurarse de que está dispuesta a hacerlo. Luego se requiere tanto una comprobación de antecedentes como un estudio de su casa.

Habrá requisitos para aspectos tales como el tamaño de la casa y el número de habitaciones, que determinarán el número de niños que puede cuidar a la vez. Puede que haya necesidades adicionales, como acceso para discapacitados a niños que así lo requieran.

Hacer Que Funcione con Niños

Las madres que tienen experiencia con cuidados tutelares me comentan que sus niños de acogida deberían ser siempre más jóvenes que sus niños biológicos. A veces, estos niños tienen problemas de conducta u otros problemas y es probable que si sus hijos son más pequeños, adopten estas conductas.

Niñera de Noche o Ayudante Para Mamás Primerizas

¿Qué Es?

Una ayudante para mamás recientes llega y ayuda a la mamá enseñándola conocimientos básicos para el cuidado del bebé y ayudándola con el niño para que pueda dar un paseo, ducharse, etc. Una niñera de noche normalmente llega en la tarde noche tras la cena y vigila al nuevo bebé (o bebés, dado que las niñeras de noche las suelen utilizar los padres de gemelos) durante toda la noche para que la mamá pueda lograr un merecido descanso. En ambos casos, generalmente ayudarán con otras cosas de la casa si el bebé está durmiendo, como cocinar/preparar comidas, lavar ropa y realizar faenas domésticas ligeras.

Aspectos Económicos

Por lo general, las niñeras de noche pueden cobrar más que las de día. En mi área, las niñeras normalmente cobran 10-13 a la hora, pero las niñeras de noche cobran 15$ la hora con un mínimo de 8 horas (y pueden quedarse hasta 12 horas).

Para Mejorar Sus Ganancias

- Ofrezca conocimientos especializados. Por ejemplo, si tiene experiencia como enfermera, podría ofrecer cuidados a niños con enfermedades y cobrar una tarifa por hora más alta.

- Ofrezca servicios de noche en su casa en lugar de en casa del cliente y lleve a algunos niños más. Se le cobraría menos a los padres pero podría ganar más cuidando varios niños a la vez.

Habilidades Necesarias

Para hacer que este trabajo funcione, probablemente necesite lo siguiente:

- ¡Mucha paciencia! Las personas que conozco que tienen una niñera de noche tienen complicaciones extra como tener gemelos o cólicos, así que necesitará estar preparada para esto.

- Buenas aptitudes con los bebés y muchos métodos diferentes para abordar problemas potenciales. Puede que quiera asistir a unas clases si su única experiencia ha sido con sus propios hijos y no en una guardería o en un centro similar.

Qué Necesita Para Comenzar

El requisito más importante sería experiencia o práctica con bebés.

Hacer Que Funcione con Niños

Por lo general, no podrá llevar a sus niños con usted así que este es un caso en el que necesitará quedar con su marido, familiar o amigo para que los cuiden mientras está de servicio.

Enseñar A Ir Al Baño

¿Qué Es?

Enseñar a ir al baño a los niños puede ser difícil y solo sucede una vez con cada niño, así que los padres con frecuencia no tienen mucha experiencia en esta área. Una entrenadora de este tipo llegaría a la casa, lo más común es que sea en un fin de semana, durante una maratón de 2 o 3 días para enseñar a ir al baño y ayudar a la familia a enseñar al niño esta habilidad. También puede que haya clases o sesiones en la casa para enseñar a los padres cómo enseñar mejor a sus hijos a ir al baño.

Aspectos Económicos

Necesitará determinar los precios aceptables en su área local. Por lo general, podría ser una tarifa horaria por ofrecer ayuda o algún tipo de tarifa fija en la que esté con la familia un número determinado de horas en unos días específicos durante el proceso.

Para Mejorar Sus Ganancias

Ofrezca clases grupales a padres sobre cómo enseñar a sus hijos a ir al baño en lugar de trabajar solo con unos padres.

Habilidades Necesarias

Para hacer que este trabajo funcione, probablemente necesite lo siguiente:

¡Una gran paciencia! Este puede ser un proceso lento y frustrante en algunos casos.

Muchos trucos, consejos y conocimientos sobre el entrenamiento para ir al baño. Si no tiene mucha experiencia en este área (por ejemplo, no ha enseñado nunca a los niños a ir al baño en una guardería), probablemente debería conseguir varios libros sobre el tema en la biblioteca y juntar toda la información y escribir su propia hoja de referencia de ideas y consejos.

Qué Necesita Para Comenzar

Para comenzar simplemente necesita su primer cliente. Una vez que esté preparada, puede que quiera ofrecer ayuda a una amiga o a un familiar de forma gratuita, para que pueda servir como un cliente de referencia.

Hacer Que Funcione con Niños

Por lo general, no podrá llevar a sus niños con usted así que este es un caso en el que necesitará organizarse con su marido, familiar o amiga para que los cuiden mientras está de servicio.

10

Mascotas

Muchas personas tienen mascotas, lo que hace que los servicios relacionados con ellas sean muy demandados, especialmente en áreas urbanas en donde puede que estén encerradas en pequeños apartamentos todo el día mientras el dueño está trabajando. La gente también necesita con frecuencia que se las cuiden mientras están fuera de la ciudad y puede que necesiten ayuda con el aseo o con encargos.

Aquí le presento varios negocios diferentes relacionados con las mascotas que puede tener en cuenta; algunos se pagan sorprendentemente bien una vez que los tenga en funcionamiento.

Paseadora de Perros

¿Qué Es?

Una paseadora de perros va y se lleva al perro o perros fuera para dar un paseo o hacer sus necesidades a mitad del día mientras la familia está trabajando. En las áreas urbanas en las que he vivido, es común ver a un paseador de perros recoger a varios perros por el vecindario y pasear con ellos durante unos 30 minutos más o menos. En áreas suburbanas, podría tener sentido recoger varios perros en su vehículo y llevarlos a todos a un parque local para perros para que corran. Los paseadores de perros con frecuencia están disponibles también para cuidar a las mascotas mientras los dueños están fuera.

Aspectos Económicos

Una paseadora profesional de perros me dijo que los que se consideran a sí mismos como profesionales, limitan los paseos a seis perros a la vez. En mi área local, los paseos de perros valen 10$ por perro al día; esto obviamente variará así que necesitará revisar en su área. Es más probable que haya estos servicios en zonas urbanas.

Si asumimos que los perros que pasee están cerca geográficamente unos de otros y que los paseará durante 30 minutos, puede pasear seis perros a la hora (esto permite 15 minutos cada vez para recoger y dejar a las mascotas). A 10$ cada uno, esto supone 60$ la hora. Si trabaja días parciales mientras sus hijos están en la escuela u ocupados de otra manera, puede ganar potencialmente 180$ al día en tres horas, lo que son 900$ a la semana o 46.800$ al año (asumiendo que no se vaya de vacaciones; probablemente los ingresos reales sean menores debido a los descansos). Aun así, estos son unos ingresos bastante buenos, especialmente para una opción a tiempo parcial.

Para Mejorar Sus Ganancias

- Aumente el número de perros por paseo o los paseos por día.

- Reduzca el tiempo de viajes entre las casas para que pueda caber un paseo adicional en la misma cantidad de tiempo.

- Añada servicios que podría realizar como parte del servicio de paseo. Por ejemplo, podría pasear y dar de comer a las mascotas dos veces al día mientras el dueño está fuera o podría cortarles las uñas a las mascotas o llevarlas a la peluquería una vez al mes.

Habilidades Necesarias

Para hacer que este trabajo funcione, probablemente necesite lo siguiente:

- Conocimientos excelentes para manejar perros, incluyendo comprensión de la psicología canina y conocer diferentes equipamientos para perros que sean difíciles de pasear.

- Seguro en caso de que un perro se lastime o que lastime a alguien mientras está con usted.

- Si está en un área suburbana, necesita una forma de transportar perros en su vehículo, como kennels en la parte de atrás de un SUV grande. En un área suburbana, puede que consiga ir por las casas para recoger sus cobros.

Qué Necesita Para Comenzar

- Compruebe con su compañía de seguros para asegurarse de que esté cubierta en caso de que un perro resulte herido o que hiera a alguien mientras está bajo su responsabilidad.

- Un contrato por escrito para tener la firma de su cliente con su información de contacto, otorgando permiso para llevar a su perro al veterinario si hubiera una emergencia (haga que le proporcionen información del veterinario) y en el que se defina los costos por paseo, con qué frecuencia y cuándo paseará a su perro, cómo obtendrá acceso a su propiedad (¿llave bajo la alfombra?) y con qué frecuencia le pagarán (¿mensualmente por adelantado?)

- ¡Un calzado cómodo para pasear!

Hacer Que Funcione con Niños

Este es un negocio que funciona bien con la mayoría de los niños. Si sus hijos son pequeños, puede llevar a los perros a un parque para perros para que corran mientras sus hijos se sientan en su cochecito o juegan en la zona de juegos. Los hijos más mayores pueden pasear a las mascotas con usted.

Cuidadora de Casas/Mascotas

¿Qué Es?

Cuidar de mascotas mientras los dueños están fuera de la ciudad. Puede añadir un poco más de profesionalismo manteniendo un breve registro o diario de sus actividades, como las horas a las que comen los perros o cualquier cosa interesante que haya ocurrido durante su paseo o su tiempo de juego.

Aspectos Económicos

En mi área, los cuidadores de mascotas "amigos de amigos" cobran sobre 20$ al día; los profesionales unos 30$ al día. Esto normalmente incluye pasar por la casa dos veces al día para alimentar a los perros, un paseo o algo de tiempo jugando con ellos, alimentar a cualquier otro animal (peces, por ejemplo) y meter en casa el correo o el periódico.

Para Mejorar Sus Ganancias

- Ofrezca servicios adicionales mientras está ahí, como bañar al perro o cortarle las uñas.

- Ofrezca un servicio añadido cuando esté en la casa, por ejemplo pasear al perro o limpiar sus excrementos.

Habilidades Necesarias

Para hacer que este trabajo funcione, probablemente necesite lo siguiente:

- Seguro. La gente normalmente querrá que usted esté asegurado antes de que tenga acceso a la casa, a no ser que le conozcan personalmente.

- Buenas capacidades organizativas para asegurarse de que mantiene un buen control de las horas de las comidas, paseos, etc.

Qué Necesita Para Comenzar

Una vez que esté segura de que esté cubierta en caso de que le acusen de robo o negligencia - ¡simplemente necesita un cliente! Difunda la noticia por email o por Facebook, publique en Internet en cualquier grupo al que pertenezca y ponga un anuncio en craiglist.com para intentar conseguir los primeros clientes.

Hacer Que Funcione con Niños

Siempre y cuando sus hijos se porten bien y tengan un cuidado adecuado cuando estén con mascotas, no debería tener problemas en llevarlos con usted. ¡De hecho, incluso pueden ayudarla a alimentar a las mascotas y a meter el correo!

Aseo/Encargos

¿Qué Es?

Llevar a los perros a citas como al peluquero, a un lavado canino y para acicalarlos, proporcionar servicios de cuidados y limpieza en la casa del cliente o realizar encargos relacionados con la mascota, como recoger la comida para perros.

Aspectos Económicos

Para realizar encargos posiblemente se aplique una tarifa horaria; 10-30 la hora es la tarifa probable. Si proporciona servicios de cuidados y aseo, puede incrementar el precio un poco por su experiencia. En mi área, cortar las uñas está entre 10$ y 20$ (¡y se tarda un minuto!) y bañar/cepillar cuesta 40-60. Puede llamar a cuidadores locales para comparar precios o recoger una hoja de precios en el PetSmart local que ofrezca servicios de limpieza y cuidados.

Para Mejorar Sus Ganancias

- Ofrezca servicios adicionales como pasear a los perros o cuidarlos.

- Aprenda cómo hacer algún cuidado o limpieza especial, como prepara a los perros para concursos, clips formales de caniches, etc.

Habilidades Necesarias

Para hacer que este trabajo funcione, probablemente necesite lo siguiente:

- Transporte fiable que incluya una forma de transportar a las mascotas de forma segura.

- Seguro en caso de que el perro se lesione o que lesione a alguien mientras es usted la responsable.

Qué Necesita Para Comenzar

Una vez que esté segura de que esté cubierta en caso de que le acusen de robo o negligencia - ¡simplemente necesita un cliente! Difunda la noticia por email o por Facebook, publique en Internet en cualquier grupo al que pertenezca y ponga un anuncio en craiglist.com para intentar conseguir los primeros clientes.

Hacer Que Funcione con Niños

Sus niños pueden ir con usted cuando usted se dirija la tienda de mascotas o al peluquero así que podría funcionar bien con los niños.

Recogedora de Excrementos

¿Qué Es?

Ey, ya habrá escuchado la teoría de que la mejor forma de ganar dinero es hacer algo que otras personas no quieren hacer, ¿verdad? Bueno, este es uno de esos negocios. Como recogedora de excrementos, se dirigirá a casa de las personas, normalmente una vez a la semana y limpiará los desechos de su jardín procedentes de su/s mascota/s.

Aspectos Económicos

En mi área, recoger los excrementos de un solo perro cuesta 8,25$ a la semana y los perros adicionales añaden al costo semanal 3,50$ cada uno. El trabajo de limpieza lleva unos cinco minutos en jardín pero los aspectos económicos dependen en gran medida en qué tan cerca están sus clientes unos de otros. Inicialmente, querrá centrarse en una sola área geográfica o quizás tenga un área diferente cada día de la semana y use un mapa para planificar su ruta para minimizar el tiempo y el consumo de combustible. Si asumimos que necesita 10 minutos para ir a la siguiente ubicación entonces cada jardín lleva 10 minutos de viaje más cinco minutos para limpiar, es decir 15 minutos para cada jardín. Puede ir a 4 jardines en una hora, a una tarifa mínima de 8,25$ por casa, sus ingresos serían 8,25$/jardín 4 jardines/hora o $33 la hora.

Para Mejorar Sus Ingresos

- Consiga jardines más cercanos unos de otros para reducir el tiempo de desplazamiento

- Cobre más por servicio

- Céntrese en las casas con varios perros dado que el tiempo de limpieza no cambiará mucho por la recogida adicional

Habilidades Necesarias

Para hacer que este trabajo funcione, probablemente necesite lo siguiente:

- Que adore (¡o al menos que le gusten!) los perros

- La capacidad para realizar algo un poco vulgar si trae ingresos a su familia

- Fiabilidad – sus clientes dependen de usted cuando les dice que estará allí. Un par de veces que no aparezca y buscarán a alguien más para contratar.

Qué Necesita Para Comenzar

Para comenzar en este negocio, necesitará:

- Equipamiento de recogida. Son sets disponibles en tiendas de mascotas y que poseen un pequeño rastrillo de mango largo y un recogedor de mango largo también. Lleve un pequeño cubo de basura forrado con una bolsa plástica y tendrá un lugar en el que poner los excrementos que vea. Los guantes también serían un buen añadido, tanto para ayudar a mantener sus manos limpias como para evitar ampollas. Podría considerar algún tipo de guantes ligeros de tipo médico por debajo de unos guantes de piel para trabajar.

- Suministro de bolsas de plástico

- Una forma de desinfectar su equipamiento entre los jardines para evitar transmitir enfermedades entre una casa y otra. Un recogedor de mi área dice: "Antes y después de trabajar en cada jardín que visitamos, usamos varios desinfectantes en todos nuestros equipos. Esto incluye exterminador antimicrobiano del parvovirus así como una solución de cloro" (de http://www.hanlyshounds.com/). Puede preparar un baúl para desinfectar y transportar su equipo de casa en casa. Probablemente querrá tener una gran lona impermeable dentro de su baúl para que si lo quiere usar para otros fines más tarde, pueda hacerlo de una forma suficientemente higiénica.

- Un seguro en caso de que cause algún tipo de lesión a las mascotas. También sería apropiado que estuviera asegurada. Contacte con su agente de seguros para averiguar el costo de esto.

Hacer Que Funcione con Niños

Probablemente la única forma de hacer que esto funcione si tiene hijos en casa a tiempo completo es que vayan con usted y que esperen dentro del vehículo. Si no, se arriesga a tener problemas de que les muerdan o que se lastimen en el jardín de un extraño y los niños más pequeños pueden no ser higiénicos limpiando los excrementos. Afortunadamente, cada parada durará solo unos minutos. Con un pequeño reproductor de DVD, puede entretener a sus pequeños mientras está trabajando.

11

Vender Productos En Línea

¿La visión de usted paseando por las tiendas, buscando rebajas increíbles de prendas de ropa y luego vendiéndolas en Internet desde casa le inspira? O, ¿le gusta hacer sus propios y hermosos edredones a mano y querría ganar algo de dinero con su creatividad? Si es así, ¡un negocio de productos en línea podría ser perfecto para usted!

Si quiere crear un negocio de venta de productos en línea, tiene que resolver dos asuntos principales para comenzar:

1. ¿Qué va a vender?

2. ¿En dónde lo va a vender?

Veremos ambos temas en las siguientes secciones.

Encontrar Artículos para Vender

Para aquellas que crean artículos para vender, esta parte es fácil. Querrá centrar sus esfuerzos en obtener los materiales básicos lo más barato posible (pero por supuesto, cumpliendo con sus estándares de calidad) y buscar formas de hacer que sus objetos sean más exclusivo o de forma alternativa, más fáciles de crear de forma rápida para que pueda generar más ventas a partir de una cantidad de tiempo dada.

El resto de esta sección es para aquellas que no crean artículos para vender pero en su lugar desean comprar productos ya existentes y revenderlos.

En el tiempo que pasé vendiendo en eBay, he encontrado artículos para vender de múltiples formas diferentes: ventas al por mayor, mercadillos caseros, tiendas benéficas, prendas de mis propios niños que se han quedado pequeñas, usando el asistente de ventas de eBay y compras en las tiendas. Descubrí que los mejores resultados fueron con mis compras en tiendas. Aquí tiene algunas de las ventajas:

- Mercancía nueva, así que hay muy baja incidencia de clientes insatisfechos, ropa con fallos, etc.

- ¡Si un artículo no se vende, generalmente lo puedo devolver a la tienda y obtener un reintegro completo! Guarde sus recibos – y conozca las políticas de las tiendas – porque esta es una gran ventaja.

Ya he comprado muchos lotes al por mayor y a pesar de que el precio por artículo pareciera más indicado para la sección de artículos súper rebajados de las principales tiendas por departamentos, cuando me llegaban los artículos, había muchas cosas bonitas y, mi favorita, fue una ocasión en la que en el lote que adquirí había más de 30 camisas de manga corta con botones y de cuadros de Tommy Hilfiger. Comprar al por menor significa que usted escoge lo que piensa que puede vender, en lugar de obtener artículos aleatorios.

¡El secreto de obtener ingresos con la reventa de compras es comprar estos artículos al precio adecuado (bajo)! Para que esto comience hace falta un poco de dedicación, dado que necesita seleccionar algunas tiendas adecuadas y visitarlas con regularidad (sugeriría hacerlo al menos semanalmente) a fin de crear un buen cronograma de rebajas para esa tienda en particular. También puede hablar con los empleados de la tienda para obtener algunas pistas sobre cuándo van a producirse las siguientes rebajas.

Mi pauta es que solo compro artículos que creo que puedo vender por tres veces lo que estoy pagando por ellos. Esto significa, con raras excepciones (como cuando encuentro juguetes muy demandados en una tienda, cuando se han agotado en la mayoría de los sitios), que solo compro artículos con rebajas de al menos el 70%. Los artículos están al 30% de su precio de venta original así que puedo aumentar el precio por 3 y venderlo al 90% de su precio de venta original. ¡Eso también me da la oportunidad de descontar artículos que no se venden pronto y aun así ganar dinero!

Además, existen costos asociados con la publicación, venta y aceptación de pagos a través de PayPal y el envío de los artículos que se vendan. Debido a estos costos, solo me quedo con artículos que puedo vender por al menos 10$. Ese es el precio mínimo al que yo le veo sentido poner algo en el catálogo. También busco artículos donde pueda comprar múltiples artículos idénticos (me ahorra tiempo para preparar los catálogos) y artículos más caros que creo que se podrán vender (entonces un solo catálogo me puede producir un beneficio mayor).

Para encontrar este tipo de ofertas, necesita mucha paciencia. También es mejor tener algo de almacenaje y algo de dinero que pueda invertir en inventario, dado que encontrará las mejores ofertas al final de la temporada de rebajas pero puede que no venda los artículos por un buen precio hasta que llegue la temporada del próximo año. En mis años vendiendo en eBay, descubrí que las ropas de verano se venden mejor de Abril a Junio, la ropa de otoño para la escuela se vende mejor en Agosto y la ropa de invierno desde Agosto hasta Octubre. Los nuevos artículos, especialmente los vestidos de fiesta y los artículos adecuados para regalar en Navidad, se venden muy bien en Noviembre. También existe un breve período de grandes rebajas en juguetes y en aparatos electrónicos a principios de Enero, dado que la gente gasta el dinero en efectivo que recibieron por las cosas que les gustaría haber obtenido. Los artículos de oficina parecen venderse bien durante todo el año al igual que muchos artículos coleccionables y electrónicos.

Dónde Vender En Línea

La primera decisión a ponderar a la hora de decidir dónde vender en línea es si desarrollar su propio sitio web o vender sus productos en puntos de venta en línea ya existentes. Mi experiencia es que lleva un poco más de tiempo y esfuerzo desarrollar un flujo de tráfico a su sitio web y usted necesita un tráfico significativo para generar ventas. A no ser que tenga un sitio web existente que tenga tráfico dirigido interesado en su producto o que tenga un método especializado, como la oportunidad de vender exclusivamente desde un sitio web con gran volumen de tráfico dirigido, le recomendaría que aprovechara la oportunidad de usar puntos de venta en línea ya existentes y que tengan un tráfico importante. Hay cuatro lugares diferentes que yo recomendaría tener en cuenta para vender sus productos en línea: Amazon, eBay, Etsy y Craiglist. Hablaré sobre cada uno por partes.

Amazon (http://www.amazon.com)

Amazon es un punto de venta excelente para vender libros, películas y software nuevos o usados. También es un buen mercado para artículos de escolarización en casa, suministros de oficina y muchos artículos y juguetes para niños – incluso artículos del año pasado – nuevos o usados. Si etiqueta y envía sus artículos a un almacén de Amazon, serán elegibles para el envío gratuito Prime. Amazon Prime es un programa en el que los clientes pagan una tarifa anual y reciben un envío gratuito de 2 días en todos sus pedidos de artículos enviados desde un almacén de Amazon.com, lo que puede incrementar sus ventas dado que supone un precio menor para el cliente debido al envío gratuito.

Comenzando

Para comenzar, vaya a Amazon y haga clic en el enlace "Vender en Amazon" en la parte inferior de la pantalla. Le dirigirán al área en que se muestran sus opciones actuales. Actualmente puede listar artículos gratuitamente si vende menos de 40 al mes (ellos cobran una tarifa sobre el precio de venta) o pagar una tarifa mensual de 39,99$ para vender más de 40 con tarifas más bajas por cada venta. Si quiere vender un artículo, la forma más sencilla para hacerlo es realizar una búsqueda del producto en el sitio de Amazon. Una vez que aparezca, en la parte derecha de la pantalla verá varios recuadros con información sobre comprarlo nuevo, comprarlo usado o quizás comerciar con su ejemplar. Luego, al final de la página y justo encima de los símbolos del enlace del sitio, verá un botón que dice, "¿Tienes uno para vender?" y un botón que dice, "Vender en Amazon". Haga clic en este botón para comenzar.

Introduzca el estado del producto, una breve nota describiendo el artículo y especificar desde dónde lo va a enviar (por ejemplo: Comprado nuevo, leído una vez, como nuevo. Envío rápido desde Nevada), su precio y los tipos de envío que ofrece. Bajo el envío, la opción de "Deseo que Amazon envíe y proporcione servicio al cliente para mis artículos" requiere que etiquete el artículo y lo envíe al almacén de Amazon como parte de su programa "Fulfilled by Amazon". Si tiene muchos artículos para vender, este programa es altamente recomendable puesto que sus artículos serán elegibles para el envío de 2 días para muchos de los clientes de Amazon, lo cual incrementará sus ventas; de lo contrario, es más fácil enviarlo usted mismo.

Fulfilled by Amazon:

Con el programa "Fulfilled by Amazon" usted etiqueta y envía sus artículos a Amazon y ellos lo guardan en su almacén.

Cuando el cliente compra uno de sus artículos, Amazon lo envía al cliente y abona en su cuenta de vendedor el precio de venta, menos sus tarifas. Los artículos en su almacén son elegibles para el envío gratuito súper ahorro y para el envío gratuito de 2 días, lo cual incrementa las ventas.

Existen tarifas de almacenamiento en sus almacenes así que es mejor enviarles los artículos si cree que se venderán en un plazo de tiempo razonable. También es necesario invertir un poco de tiempo en el proceso de etiquetado y tendrá que pagar para enviar los artículos a su almacén. Este puede ser un programa excelente si tiene muchos artículos para vender, dado que puede tomarse el tiempo para etiquetarlos todos a la vez, enviarlos y ellos se encargarán de los mismos a partir del momento en que los reciban.

Si solo tiene unos pocos artículos, probablemente será más fácil para usted ponerlos a la venta y luego cuando se vendan, enviarlos usted misma.

eBay (http://www.ebay.com)

¡Piense en eBay como el mercadillo casero más grande del mundo! La gente llega a eBay buscando artículos difíciles de encontrar, especialmente coleccionables y también en busca de grandes ofertas. También hay mucha gente buscando artículos educativos.

Ventas Exitosas en eBay

Aquí tiene algunas de las consideraciones más importantes a la hora de vender en línea a través de eBay:

Títulos de las Subastas

El título de sus subastas es extremadamente importante, dado que es así cómo la gente localizará su artículo. Piense sobre qué podría escribir en una búsqueda para localizar ese artículo en particular e intente incluir esas palabras en el título. Algunas cosas específicas que yo incluyo son:

- Nombre de la marca, si es aplicable

- Artículos incluidos (consola + 3 juegos; pantalones de cintura, 6 piezas)

- Color

- Talla, si es aplicable

- NCE (nuevo con etiqueta) o NUEVO, para que la gente sepa que es un artículo totalmente nuevo. Aquí tiene algunas siglas que podrían ser útiles:

  NSE = nuevo sin etiqueta
  NEC = nuevo en caja
  NEP = nuevo en paquete
  DDE = difícil de encontrar
  CN = como nuevo

- Unas pocas características o diferenciaciones. Para la ropa, podría incluir "aplique" o "lazo" para artículos especializados, "edición limitada" o "difícil de encontrar" y para los juguetes podría ser "muy demandado" o "agotado". Así que, "edición excepcional en negro" sería más interesante que simplemente "negro".

Imágenes

Las imágenes también son extremadamente importantes. Es mucho mejor usar una cámara digital decente que su teléfono dado que la calidad de la imagen será más nítida. Intente eliminar distracciones en la foto, poniendo un fondo neutro (yo uso una sábana de color marrón claro que coloco sobre la alfombra o en una mesa cuando necesito un fondo sencillo) y no tener artículos extra en la foto. Una vez en eBay, vi la imagen de una ropa para niños tomada sobre una alfombra rodeada de Cheerios. ¡No haga esto! Recorte la foto, use un software de edición si es necesario o sea cuidadosa y no incluya elementos extra en la misma. Asegúrese de que tiene una buena iluminación y que el objeto u objetos están colocados de forma llamativa, para que el comprador potencial pueda ver los detalles del artículo y que tenga la impresión de alta calidad. Mucha gente comprará un artículo solo por la foto así que haga lo necesario para asegurarse de que sea excelente.

Descripción de la Subasta

La descripción de la subasta indica exactamente lo que se incluye (y si un accesorio común o una parte no se incluye, debería indicarlo claramente) y debería intentar responder todas las preguntas probables incluyendo el tamaño, medidas, descripción de algún daño existente, etc. Usted no quiere destacar los problemas y echar para atrás a la gente pero la clave para tener contentos a los clientes es que reciban exactamente lo que esperan o quizá algo un poco mejor. ¡No oculte ninguna falta y asegúrese de que sepan exactamente lo que van a recibir!

Precio

Es precio es una de las partes más difíciles que tiene. Idealmente, un par de pujadores que quieran realmente su artículo, pujarán más y no les importará qué precio le puso usted, pero esto no sucede siempre. Existen dos tipos de precios en eBay: pujas abiertas para subastar artículos y Cómpralo Ya, para artículos que un cliente puede comprar en cualquier momento si está dispuesto a pagar la cantidad fijada. Necesitará decidir si quiere animar a que varias personas pujen por su artículo a través del estilo de subasta o establecer un precio fijo que paguen para obtener el artículo.

Precios Para Subastas

Hay dos estrategias que puede usar para fijar precios. La primera es fijar su precio de apertura por lo mínimo que aceptaría por el artículo. De esta forma, estará contenta si el artículo se vende. Lamentablemente, he visto que con frecuencia las personas que aún no han vendido muchos artículos en eBay es porque no son realistas acerca de que los objetos usados valen menos. Incluso aquellos que son nuevos con etiqueta pueden valer menos de lo que usted pagó por ellos. Para obtener una idea del valor adecuado, haga una búsqueda en eBay sobre los artículos como los que está vendiendo. Cuando obtenga los resultados de la búsqueda, haga clic en "buscar subastas finalizadas" para ver los resultados de las subastas recientes por artículos como el suyo. Esto le dará una buena idea de cuánto puede atraer su subasta particular.

Lo segundo es establecer un precio de apertura muy bajo para llamar la atención – digamos que 0,99$. Si está preocupado por si no consigue suficientes pujas para que esté contento con su precio final, siempre puede establecer un precio de reserva con el precio mínimo al que estaría dispuesto a vender para asegurarse de que no venda algo por un precio demasiado bajo. He descubierto que obtendrá más visitas con un precio de apertura bajo, y en mi opinión, obtendrá un precio final más alto de esta forma ya que por lo general, cuantos más visitantes, más pujadores habrá. ¡Realmente solo necesita dos personas que puje por su artículo y que realmente lo deseen para obtener un precio final alto!

Precio de Cómpralo Ya

En términos de Cómpralo Ya, aquí tiene algunos aspectos a tener en cuenta:

- Si alguien está interesado en el artículo pero no está disponible la opción de Cómpralo Ya, puede que se vaya a otra subasta para comprarlo inmediatamente.

- Por otra parte, si algo es muy popular, puede dejar dinero en la mesa permitiendo que alguien lo compre ya en lugar de competir a través del proceso de subasta

- ¡Personalmente me gusta más la opción de Cómpralo Ya porque pone el dinero en mi bolsillo de forma más rápida! Si decide usar la opción Cómpralo Ya en sus subastas, le sugeriría que:

    - Establezca un precio alto de Cómpralo Ya para artículos populares. Alguien puede comprarlo de inmediato si lo quiere realmente, así que usted obtendrá un buen precio y si no, hará que el proceso de pujas comience antes, puesto que debe colocarse una puja para eliminar la opción de alguien más Comprándolo Ya.

    - Establezca un precio de Cómpralo Ya inferior a dos veces su precio de apertura para todos los demás artículos. Por ejemplo, si su precio de apertura es de 7,99$, establezca un precio de

Cómpralo Ya de 15$. He descubierto que salvo raras excepciones (como en productos muy demandados), un artículo con un precio de Cómpralo Ya superior al doble del precio de apertura no lo querrá nadie.

Envíos:

También necesita incluir los gastos de envío en su anuncio. En eBay, si proporciona el peso del envío del artículo en el momento en que crea el anuncio, le calcularán automáticamente los gastos de envío para su comprador según su ubicación geográfica. Para ello, necesita preparar el artículo para enviar así que asegúrese de que tiene la caja o sobre del tamaño adecuado a mano, determine cualquier elemento extra que pueda necesitar, como envoltorio de burbujas o bolsas de plástico y pese y mida todo el paquete. Entonces ya tendrá la información necesaria para que eBay calcule por usted los gastos de envío correctos. Yo he perdido dinero antes cuando los gastos de envío fueron más altos de lo que calculé así que realice este paso de forma cuidadosa para obtener el beneficio que espera de sus subastas. Tengo una pequeña báscula postal que compré en la oficina postal y que uso para pesar mis paquetes cuando hago mis anuncios.

Comenzar

eBay tiene excelentes tutoriales que le guiarán por todo el proceso para vender artículos. Vaya a la página principal de eBay y haga clic en "vender" en la barra de la esquina superior derecha para ver los tutoriales.

Etsy (http://www.etsy.com)

Este sitio está enfocada exclusivamente en artículos hechos a mano. Si tiene objetos hechos por usted misma, querrá ponerlos a la venta aquí. Puede que también quiera venderlos por eBay, aunque el nivel de precios en Etsy tiende a ser más alto.

Claves para Que Funcione

En este sitio necesita fotos excelentes de sus artículos para que la gente comprenda realmente la calidad de los mismos. Tómese tiempo para conseguir unas buenas fotos antes de poner sus artículos a la venta.

También querrá asegurarse de que sus artículos son originales y únicos de alguna forma. Hay mucha competencia así que asegúrese de que sus artículos destacan de alguna modo.

¡Asegúrese de llevar un buen seguimiento de sus costos de producción y tiempos para que venda los artículos a un precio suficiente que pague su producción! Calcule la remuneración horaria por sus artículos al precio que cree que puede venderlos y asegúrese de que vale la pena producirlos.

Comenzar

Etsy tienen tutoriales excelentes que le guiarán a lo largo de todo el proceso de venta de artículos. Vaya a la página principal de Etsy y haga clic en "vender" en la barra de menú superior izquierda para ver los tutoriales.

Craigslist (http://www.craigslist.org)

Craiglist es un mercado local y un excelente lugar para vender artículos demasiado grandes o que no merezca la pena pagar los gastos de envío. Úselo para vender grandes objetos como muebles o equipamiento para bebés o para lotes de pequeños artículos cuando prefiera no realizar un mercadillo casero.

Es importante tener imágenes en Craiglist. Aunque le permitan poner a la venta artículos sin ellas, sus opciones de vender cosas disminuyen si la gente no ve antes el aspecto del artículo.

Esté preparado para que haya mucha gente que no aparezca cuando la gente le pida pasar y ver sus artículos. He descubierto que este sitio es una fuente continua de frustraciones para mí pero he vendido suficientes artículos gracias a Craiglist de forma rápida y fácil como para poder aceptar que eso pasa con frecuencia.

Cuando se venda un artículo, por favor vaya y elimínelo del listado para que nadie más contacte con usted sobre el mismo.

Precios en Craigslist

He descubierto que casi la mitad de las veces que vendo artículos en Craiglist, la gente me paga la cantidad pedida en el sitio web, y que la otra mitad de las veces me hacen una oferta inferior. Generalmente establezco los precios un poco más altos que la cantidad que estoy dispuesta a aceptar para que tenga margen para negociar con aquellos que prefieren regatear.

Comenzar

La forma más fácil de comenzar en Craiglist es crear una cuenta. Vaya al sitio web y cerca de la parte superior izquierda haga clic en el enlace "Mi Cuenta". Le llevará a una pantalla de inicio de sesión. Casi al final está el enlace que pone "Créate una

Cuenta". Puede poner cosas a la venta sin una cuenta y el sitio le enviará un email con un enlace para editar cada anuncio, pero con una cuenta puede inscribirse y ver todas las ventas que tenga abierta en un listado.

Para poner algo a la venta, vaya a la página inicial y haga clic en el enlace "Para Vender" (cerca de la mitad de la página). Cuando esté en la sección de artículos a la venta, verá un enlace que pone "Anúnciate" en la parte superior derecha de su pantalla; haga clic aquí y le guiará por todo el proceso.

12

Vender Información En Línea

He leído muchas guías para vender información en línea, he probado muchas coas (¡y gastado mucho dinero!) y solo conseguí ganar dinero cuando escribí y vendí mi información a través de Amazon (http://www.amazon.com). Personalmente uso Create Space (http://www.createspace.com – una compañía propiedad de Amazon) como mi editor impreso y subo mis libros a Kindle Direct Publishing (https://kdp.amazon.com/) para que estén disponibles para vender en el Kindle. No he subido libros en formato Nook en Barnes & Noble dado que actualmente tengo mis libros Kindle inscritos en el programa KDP Select – hablaré sobre ello más tarde :)

Su primer paso es escribir un libro, así que trataremos eso primero. Luego le hablaré sobre publicar su libro, por ejemplo, hacer que esté disponible para su venta.

Escribir un Libro para Vender En Línea

Su Primer Paso: Encontrar Tiempo para Escribir

¡Lo primero que necesita hacer si va a escribir un libro para venderlo es conseguir tiempo para hacerlo! Le sugiero que planee un momento específico del día para que no se deje de lado por la montaña de otras cosas que tiene que hacer. He descubierto que no puedo pasar más de una hora a la vez en mis proyectos y otros días solo tengo 15 minutos.

Céntrese en pasar tiempo trabajando en su proyecto, incluso si no le parece divertido y si siente que se le acabaron las ideas. Una vez que se sienta y comienza a pensar, probablemente se le ocurra algo que le haga avanzar hacia su meta final – quizás es escribir, quizás es desarrollar una idea para un nuevo libro o capítulo, quizás es hacer algo de investigación sobre su tema elegido.

¡Concéntrese en el tiempo en lugar de en todo el proyecto! Si pienso en lo que le queda al proyecto, tiendo a agobiarme ¡y ya no quiero hacer nada! En su lugar, ponga su atención en cómo puede invertir mejor los 15 minutos para que el proyecto avance un paso.

Elegir Un Tema

Personalmente escribo guías de no-ficción y he leído antes que por lo general se venden mejor que los libros de ficción. Sin embargo, ese tipo de pensamiento se va por la ventana si va a escribir el siguiente *Harry Potter* o *Crepúsculo*, así que le sugiero que… ¡haga lo que más le guste y lo que mejor se le dé!

En la no-ficción es bueno comenzar con un listado de cosas sobre las que sabe mucho o sobre las que le gustaría saber más y luego elegir su opción específica basándose tanto en su deseo de escribir mucho sobre ese tema como en el interés de los potenciales lectores. Yo juzgo el interés de la gente con la herramienta de Palabras Clave de Google Adwords. Estas cosas cambian periódicamente de URL así que solo escriba en el motor de búsqueda para encontrar la herramienta. En el recuadro "palabra o frase", escriba varias cosas sobre las que esté considerando escribir, con cada tema o idea en una línea separada. Luego rellene las letras deformadas en la casilla de comprobación de que es usted una persona real y haga clic en "buscar". La herramienta le devolverá muchas frases similares y le dirá cuántas búsquedas globales se realizaron sobre cada frase durante el pasado mes. Esto le dará una buena idea del interés sobre su tema. No necesariamente tiene que elegir un tema muy demandado, dado que estos temas también tendrán mucha más competencia, pero asegúrese de que sea algo que pueda interesar a los potenciales clientes. Una vez que haya reducido su búsqueda hacia un tema específico, escríbalo en la herramienta de palabras clave y lea las frases similares proporcionadas por Google para determinar sus mejores palabras clave (úselas más tarde en el título de su libro) y los subtemas específicos sobre los que puede que quiera centrarse o sobre los que quiera incluir en su guía.

En ficción , no necesitará hacer este paso - ¡simplemente comenzar con su libro!

Escribir una Descripción y Optimizar el Título

Uso Google para optimizar mis títulos. La idea básica es que quiere un título que le proporcione al lector potencial una buena idea acerca de lo que va el libro y que incluya varias palabras clave que un comprador pueda escribir en Amazon o en otros motores de búsqueda para localizar información sobre el tema que va a escribir.

Realice una búsqueda con la herramienta de palabras clave de Google Adwords. Estas cosas se mueven periódicamente, ¡así que no incluyo un enlace aquí!

En el recuadro superior que pone "palabra o frase", escriba las palabras o frases relacionadas con su tema clave para averiguar cuáles tienen más búsquedas. Por ejemplo, para este libro podría haber escrito "trabajar desde casa" y "negocios desde casa". Cada frase o término de búsqueda va en una línea aparte así que pulse la tecla Antro entre ellas. Escriba la información del comprobador de spam y luego haga clic en "buscar".

Para concebir las mejores palabras o frases para su libro, póngase en la piel del comprador. Si realmente quisieran un libro exactamente como el suyo, ¿qué tipo de cosas buscarían para encontrarlo? Cuando encuentre unos pocos términos de búsqueda que se ajusten a su libro y tenga un elevado número de búsquedas, ¡las habrá encontrado!

En la parte más baja de su pantalla verá cada una de sus palabras y frases y el número de búsquedas mensuales de las mismas. Esto le permitirá optimizar su título basándose en las palabras clave usadas con más frecuencia para buscar la información sobre el tema que va a escribir.

Yo uso ambos, título y subtítulo para mis libros y pongo la frase clave más importante en el título en caso de que se corte en algunos motores de búsqueda. Por ejemplo, el nombre de mi libro de español para niños es "Español ultrarrápido para Niños y Familias: Aprenda español, hable español, enseñe español a los niños – muy rápido, incluso si ahora no habla nada de español". Mi frase clave principal era "español para niños". También quise incluir "Aprenda español, hable español, enseñe español a los niños" además de tener un título atrayente que capturara el interés de la gente que busca este tipo de libros. También puede ver que la parte menos importante del subtítulo – "muy rápido, incluso si ahora no habla nada de español" – está al final, para que si un motor de búsqueda particular truncara mi título, las palabras clave aún seguirían apareciendo.

Escribir el Resumen del Libro

Le recomiendo escribir un resumen del libro, una breve descripción diseñada para llamar la atención de los potenciales lectores de forma directa. Luego, cuando escriba su libro, puede consultarlo para asegurarse de que el mismo esté reuniendo las condiciones que identificó en el resumen.

Comience escribiendo el problema que su libro solucionará al lector. En mi libro de español descrito antes, éste fue "una forma de que las mamás enseñen español a sus niños, que no le quita mucho tiempo ni esfuerzo a la mamá y que funciona incluso si no es usted bilingüe". Un libro sobre Abraham Lincoln podría cubrir "todo sobre la vida de Abraham Lincoln" o "cómo murió realmente Abraham Lincoln". Un libro de ficción podría ser "una gran comedia para aquellos que les guste el humor, los vampiros y los temas sobrenaturales ".

Luego escribirá lo que su libro hará para el lector con un poco más de detalle y lo reescribirá de una forma concisa, con un breve resumen de lo que obtendrán de su libro. Esta es la descripción de marketing que usará más tarde cuando publique su libro y que aparecerá en los sitios web de venta de libros.

Así fue el resultado final de mi libro de español:

¿No tiene tiempo para aprender español? ¿Quiere enseñar a sus hijos pero no habla español? ¡Español Ultrarrápido le ayuda a incorporar el español a sus actividades diarias para que aprenda mientras realiza las cosas que ya conoce!

Enseñará a sus hijos español de la misma forma en la que les enseñó inglés – interactuando con ellos a medida que realiza sus actividades diarias. No necesita reservar un tiempo extra en su apretada agenda y no necesita conocimientos previos de español – con este programa único, aprenderá sobre la marcha. ¡Quedará impresionada de lo rápido que verá los resultados!

Si quiere que su familia hable español rápido – ¡este libro es para usted!

Español Ultrarrápido:
* Creado alrededor de situaciones – no necesita reservar tiempo especial, ¡y estará usando su nuevo idioma desde el primer día!
* Listo para usar con pronunciación fonética incluida - ¡no se necesitan conocimientos previos de español!
* ¡Divertido y fácil de comenzar!

Hacer un Borrador del Libro

Antes de que comience a escribir secciones específicas de su libro, haga un borrador y planifique lo que va a incluir o cuáles serán las cosas principales que ocurrirán en cada capítulo. Mucha gente irá más allá y dividirá los puntos principales o actividades dentro de cada capítulo.

Una vez que tenga pensado el borrador en general, será hora de ir sección por sección y comenzar a escribir. Esto asegura que todo lo que escriba sustente al libro que quiere presentar al final.

Escribir El Libro

Esta puede ser la parte difícil. ¡Una de las claves aquí es seguir adelante! Piense cuánto tiempo se sentará cada día y cómo lo invertirá. Puede que no se sienta motivada cuando se siente pero necesita tener disciplina para empezar una sección y comenzar a escribir o ¡nunca se terminará!

Intente no editar a medida que avanza dado que esto reducirá su ritmo. En su lugar, ponga todo por escrito en el papel y una vez que la sección o el capítulo esté completo, puede volver atrás en otra sesión y editarlo o esperar hasta que tenga la suficiente información escrita para todo su libro y entonces realizar un esfuerzo de corrección completo.

Crear Una Portada

Cuando originalmente publiqué mis libros de idiomas, no creí que tuviera suficiente dinero para que realizaran mis portadas de forma profesional, así que creé una yo misma. Tras varios meses y tras sacar el libro en varios idiomas más, contraté a un diseñador de portadas para crear unas portadas profesionales para todos los libros. Esto creó un impacto inmediato en las ventas y se mantuvieron altas de forma consistente. Definitivamente valió la pena el dinero invertido dado que las ventas continuaron siendo altas mes tras mes. Personalmente creo que los aspectos más importantes para que se venda su libro son una buena portada profesional, unas buenas opiniones de los clientes (esto requiere tener un libro bien escrito y bien editado para conseguir unas buenas opiniones) y un resumen que capte la atención de los lectores a los que está tratando de llegar. Así que ¡no escatime en la portada!

Para encontrar un buen diseñador de portadas, yo publiqué mi proyecto en Elance (http://www.elance.com). La persona con la que ahora trabajo es un artista profesional en la industria editorial que realiza portadas de forma extraoficial.

Edición

Una de las mayores quejas sobre los libros autopublicados es la falta de edición — en otras palabras, el número de errores tipográficos, fallos o secciones pésimamente escritas en el libro.

Si tiene presupuesto para una edición, será un dinero bien invertido, dado que le ayudará a obtener las opiniones que necesita para vender más libros. Si no es así, aún puede encontrar formas de editar su libro. Primero, si es una buena escritora, probablemente pueda poner a un lado su proyecto unos días y luego volver con él y corregir bastantes errores. Segundo, puede que pueda encontrar a una amiga o dos que deseen leer su borrador y que le proporcionen correcciones gramaticales u ortográficas y proponerle partes que necesiten mejorar. Tercero, puede unirse a Scribophile (http://www.scribophile.com), que es un sitio web en el que los autores publican secciones de sus trabajos en marcha y reciben comentarios editoriales por parte de otros escritores. Tiene que ganar "puntos de karma" editando los trabajos de otros autores a fin de poder publicar los suyos propios; por lo tanto necesita tener algo de tiempo disponible para usar este método. Cuarto, puede contratar a alguien más barato que sea un buen escritor. Por ejemplo, es posible que un estudiante universitario que esté realizando algún tipo de curso de escritura o literatura y que tenga excelentes habilidades de escritura, desee revisar y editar su trabajo a cambio de un pago por horas.

¿Ejemplar Físico o Kindle?

Personalmente ¡hago ambas! Hasta ahora he visto que vendo alrededor del 60% de los ejemplares físicos y un 40% de ejemplares para Kindle y por lo tanto ambas opciones me valen la pena.

Precio

Poner precio siempre es una decisión difícil. Le sugeriría que realice algunas indagaciones en las páginas web que vendan libros y consulte los precios de libros parecidos al suyo para poder tomar una decisión respecto al precio.

- Puede que quiera que su libro tenga el mismo precio que los libros similares disponibles en grandes editoriales, o puede que quiera que sea más barato.

- Puede que desee que tanto el ejemplar físico como el de Kindle tenga el mismo precio o puede que desee que la versión de Kindle sea más barata (esto es lo frecuente).

- Si tiene una serie de libros, muchos autores hacen que el primer o segundo libro de la serie sean mucho más baratos en la versión Kindle (dado que los costos fijos a cubrir son mínimos) para "enganchar" al lector y que vuelva a comprar el resto de la serie a su precio habitual.

Tanto Kindle Direct como Create Space tienen calculadoras del royalty incluidas en su sistema que puede usar mientras carga su libro para determinar su royalty por ejemplar vendido basándose en diferentes precios de venta al público.

Preparar y Subir un Ejemplar físico (Quizás Distribución Ampliada)

Cuando su libro esté acabado, ¡es hora de prepararlo para su venta! Yo uso Create Space (http://www.createspace.com) para mis ejemplares físicos. Está integrado con el sitio de Amazon y los libros se imprimen bajo demanda y se envían a través de los servicios de entrega de Amazon, incluyendo las modalidades de envíos gratuitos SuperSaver y Prime. Hay otra imprenta de la que he oído hablar mucho llamada Lightning Source y parece que tuvieran algunas ventajas en los precios. Podría echarle un vistazo si está interesada y podría también considerar el libro "POD for Profit: More on the NEW Business of Self-Publishing", o "How to Publish Your Books With Online Book Marketing and Print on Demand by Lightning Source" de Aaron Shepard (Shepard Publications, 2010), si le gustaría usar este método.

Aquí solo trataré sobre de Creat Space. Estos son los pasos básicos para que su libro esté listo para subirse al sistema de Create Space:

1. Cree una cuenta en Create Space.

2. Haga clic en "Añadir nuevo título" al lado de la parte superior izquierda.

3. Escriba su título y seleccione "libro". Si es nueva, le sugeriría elegir "configuración guiada". Le guiará a través de todo el proceso de añadir su subtítulo, información del autor, tamaño del libro y descripción del mismo (el resumen del que hablé antes).

4. Necesitará subir el archivo de su portada o crear la suya propia utilizando el programa Cover Creator. En Cover Creator existen varias plantillas creadas previamente y solo tiene que elegir una y poner su título, autor y la información de la contraportada.

5. Para que el archivo de su libro esté listo para subirse, he escrito algunas instrucciones básicas y los tutoriales detallados están en el sitio web de Create Space. Sin embargo, si tiene dificultades, ¡le sugeriría que buscara a alguien que tenga experiencia con programas de procesamiento de textos para guiarle la primera vez!

- Necesitará tener su libro en un programa de procesamiento de textos. Yo uso Microsoft Word y asumo que su programa posea la misma funcionalidad.

- Cambie el tamaño de su página en el procesador de textos para que se ajuste al tamaño elegido para el libro durante la configuración de Create Space.

- Al principio del archivo, cree la página del título y la página del copyright (coja un libro de su estantería y eche un vistazo al comienzo para que vea de qué estoy hablando). La declaración más sencilla de copyright es "© 2013 por [ponga su nombre], Todos los derechos reservados". También puede que quiera especificar algunas aprobaciones; si es así, póngalas aquí ahora.

- Tras la información mencionada y antes de la primera página de su introducción o primer capítulo, inserte una tabla de contenidos. En Microsoft Word, si destaca cada capítulo y establece el formato a "Encabezado 1", entonces puede crear de forma automática una tabla de contenidos usando el menú "Referencias - Tabla de Contenidos" (esto es para MS Word 2007 y para MS Word 2010; la ubicación en otras versiones puede variar).

- Añada un encabezado o un pie de página si así lo desea. La numeración de las páginas por lo general aparece en el pie.

- Configure su documento para que pueda ver dos páginas a la vez y corrija la paginación para que todos los capítulos empiecen en una nueva página. Si está viendo su documento con dos páginas a la vez, todos los capítulos deberían comenzar a la izquierda.

- Elimine los encabezados y pies de página de cualquier página en blanco. Por ejemplo, cualquier página en blanco necesaria para hacer que un nuevo capítulo comience en una nueva hoja de papel.

- Si todo se ve bien, guarde su documento en formato .pdf (en MS Word 2007, haga clic en el logo de la esquina superior izquierda y luego "Guardar Como" y "PDF". En MS Word 2010 haga clic en el menú superior izquierdo "Archivo" y luego "Guardar Como" y "PDF").

- Utilice un visor de PDF, como Adobe Reader para asegurarse de que su documento tiene el tamaño adecuado (puede imprimir una página para verificar) y que se vea bien.

- Luego estará listo para subir el archivo a Create Space.

6. ¡Bien! Una vez que su archivo se haya subido, guardará su progreso y pasará a seleccionar los canales de distribución. Le sugiero que seleccione todos los disponibles. Tendrá opción de hacerlo – si paga 25$, su libro puede estar disponible para otros minoristas y librerías. Personalmente pago esta cantidad en la mayoría de mis libros y parece que vale la pena porque cada mes vendo algunos ejemplares a través de estos canales.

7. Cuando haya completado los formularios, puede enviar su libro para revisión. El personal de Create Space se asegurará de que está listo para imprimir y le notificará cuando esté disponible para su venta. Una vez esté listo, tardará unos días en aparecer en el sitio web de Amazon. Si elige la mejora de distribución ampliada,

tardará un par de semanas en aparecer en otros sitios web.

Preparar y Subir – Versión Kindle

Si ya ha cargado su libro a Create Space, tendrá la opción de ponerlo a la venta en versión Kindle en su sitio web. De forma alternativa puede cargarlo a través del sitio web de Kindle Direct Publishing (https://kdp.amazon.com/) (este es el método que yo he usado). Tienen un buen tutorial sobre cómo dar el formato exacto a su archivo para subirlo. Aquí tiene una versión súper reducida:

- Comience con el archivo original de su libro en MS Word con el encabezado, el pie de página, otra información frontal y la tabla de contenidos.

- Asegúrese de que su archivo está configurado para que cada capítulo empiece en una nueva página.

- Luego, querrá añadir un par de marcadores. Un lector Kindle tiene la opción de *"Ir A"* la portada, el principio del libro y la Tabla de Contenidos de su libro, usando un comando en su dispositivo. La información específica que ven cuando usan este comando está definida por lo que se conoce como "Elementos Guía". Si sube una imagen de portada, el Elemento Guía de la portada se establecerá automáticamente. Para definir otros Elementos Guía, siga los pasos siguientes:

Para el Comienzo:
Coloque el cursor donde quiere que comience el libro, haga clic en "Insertar > Marcador". En el campo "Nombre del Marcador:" escriba "Inicio" (sin las

comillas) y haga clic en "Añadir".

Para la Tabla de Contenidos:
Coloque el cursor al principio de la primera entrada en la Tabla de Contenidos. Haga clic en "Insertar > Marcador". En el campo "Nombre del Marcador:" escriba "TDC" (sin las comillas) y haga clic en "Añadir".

- Ahora está preparada para subir su libro.

- Una vez que cree una cuenta con Kindle Direct, tendrá el botón de "Crear Nuevo Título" cerca de la parte superior izquierda. Una vez que haga clic en él, necesitará escribir la información de su título, autor y descripción del libro, añadir algunas palabras clave que la gente podría buscar para encontrar su libro y subir el archivo de su portada (solo la parte delantera) más el archivo de su libro (en formato MS Word).

- Cuando haga clic en "Guardar y Continuar" la información de la primera página, será llevada a una segunda página para seleccionar en dónde se venderá su libro y su precio. Una vez que esta información se haya introducido y guardado, su libro pasará al estado de revisión.

Una vez subido su libro, debería estar disponible a la venta en 1 o 2 días en el sitio web de Amazon.

Obtener Opiniones en Amazon

Una vez que su libro esté disponible para la venta, su próxima tarea crucial es obtener opiniones para que los potenciales lectores sepan qué esperar si compran su libro.

Normalmente, el primer lugar para empezar es con la gente que conoce. Pregúnteles si estarían dispuestos a leer su libro y publicar una opinión.

Una segunda opción es unirse a Book Blogs (http://bookblogs.ning.com/). Se trata de un grupo de escritores y blogueros y algunos de los foros que hay aquí son lugares para publicar solicitudes de opiniones de libros. También puede encontrar gente a la que regalar su libro, lo cual normalmente se combina con una opinión. Sus lectores pueden participar en un sorteo para obtener un ejemplar gratuito una vez que lean sobre el libro.

Otra excelente manera de obtener opiniones es ofrecer ejemplares gratuitos para su análisis a los blogueros. He podido comprobar que leerán el libro (a veces les lleva un tiempo), publicarán un análisis en sus blogs y luego si se lo solicita, estarán encantados de volver a publicar su análisis en Amazon.

Para encontrar blogueros interesados en leer su libro, puede:

- Realizar una búsqueda en Google sobre "blogs" + "[escriba aquí el tema de su libro]" para encontrar blogs que podrían estar interesados en su libro. Examine los blogs de los potenciales críticos antes de contactar con ellos, para asegurarse de que escriben opiniones y que sus enfoques parezcan compatibles con su libro. Si es así, contacte con ellos (generalmente hay una información de contacto en sus blogs) y pregúnteles si estarían interesados. Puede hacer más atractiva su solicitud ofreciendo una ejemplar físico (la mayoría prefieren ésta en lugar de una versión electrónica) y ofreciendo un segundo ejemplar como regalo para los lectores de sus sitios.

- Realice una búsqueda en Google con "principales blogs" + "[escriba aquí el tema de su libro]" para encontrar listas de blogs con un alto nivel de lectores. También puede revisar de forma específica los numerosos listados de Blog Rank http://www.invesp.com/blog-rank.

- Vaya a Business2Blogger (http://business2blogger.com/) para encontrar blogueros interesados en su proyecto. En este sitio, pagará por obtener la información de contacto de blogs que seleccione pero le ahorrará mucho tiempo de investigación. Cuando tenga creada una cuenta, publicará un anuncio para su proyecto, como "Busco Blogueros para analizar un libro de idiomas", y escriba sobre lo que espera encontrar, como por ejemplo "busco 5 blogueros para analizar mi nuevo libro, "XXX". Proporcionará un ejemplar físico para su análisis más un segundo ejemplar para regalar si les gusta. Aquí tienen una descripción de mi libro: XXX". Los blogueros interesados le contestarán y la lista de respuesta incluirá varias métricas sobre la posición de sus sitios web, número de lectores, etc. Necesitará pagar por la información de contacto de los blogueros que elija. El precio base es de $5 por bloguero con descuentos si compra paquetes. Cuando haya comprado su información, se escribirá con ellos directamente para coordinar el análisis y el regalo.

Sitio Web/Facebook/Twitter/Blog

Crear todos o parte de estos métodos para mantenerse en contacto con los lectores actuales y potenciales, puede ayudar a que incremente sus ventas. Si procede con su creación, proporcione sus varios enlaces a cualquier bloguero que vaya a revisar su libro. Generalmente incluirán algunos enlaces en sus publicaciones para que así los lectores puedan seguirla y también puede que estén dispuestos a ofrecer participaciones para algún concurso destinado a lectores que se inscriban en su blog, que la sigan en Twitter o que publiquen en su página de Facebook.

Si va a escribir un blog, he leído mucho sobre este tema y la opinión generalizada de aquellos que lo hacen parece ser que debería estar segura de escribir sobre temas de interés para sus potenciales lectores.

Hay dos opciones para esto:

1. Haga un perfil de la gente que piensa que estará interesada en su libro – su edad, ocupación, intereses, etc. – y luego cree una lista de temas que cree que también les interesarán y úsela como guía para las publicaciones en su blog.

2. Escriba sobre sus libros específicamente – por ejemplo, publique historias cortas de forma ocasional usando sus principales personajes o publique un extracto de su nuevo libro o publique información adicional sobre sus personajes que no esté disponible generalmente, como una historia de su infancia. Esto permitirá a sus lectores crear estrechos vínculos con los personajes sobre los que escribe.

Página de Autor, Ediciones de Enlaces, Añadir un Blog y un Lector de Twitter

Cuando su libro esté disponible para la venta en Amazon.com, podrá crear una página de autor en su sitio web. Visite Author

Central en https://authorcentral.amazon.com/ para configurarla. Permitirá que publique una imagen, información biográfica, enlace a todos sus libros para mostrar en su página de autor y añadir enlaces a su cuenta de Twitter y a su blog y de esa manera que sus publicaciones se muestren automáticamente en su página de autor.

Otras Formas de Difundir la Palabra

Otra idea promocional a tener en cuenta es Amazon.com KDP Select Program. Si está vendiendo sus libros en versión Kindle, tendrá la opción de unirse a este programa en la pestaña Bookshelf del sitio web de Kindle Direct Publishing en https://kdp.amazon.com/.

En este programa:

- Los clientes que sean miembros de Amazon Prime pueden pedir prestado cualquier libro del programa de forma gratuita, hasta 1 al mes

- El autor del libro que se ha prestado recibe un pago de un fondo que Amazon crea cada mes. Los meses anteriores han pagado un poco más de 2$ por préstamo.

- Los autores tienen la oportunidad de hacer que su libro esté disponible para todos los clientes del Amazon Kindle gratis hasta 5 días por trimestre. Esto suena como una oportunidad extraña – ¿dar mi libro, gratis? – pero si mucha gente descarga su libro mientras es gratis, esto mejorará su posición en los rankings de búsqueda de Amazon, lo que a cambio debería incrementar las ventas de su libro en las semanas posteriores al regalo.

Su mayor oportunidad de pegar un gran salto en las ventas haciendo una promoción gratuita proviene de algún sitios web y blogs que hacen listas con los libros recomendados gratuitos del día y que en estas listas publiquen su libro. Por lo general buscan libros populares con un buen número de opiniones positivas así que querrá generar más ventas e interés además de tener al menos cinco opiniones positivas antes de intentar esto.

También he descubierto que es mucho más efectivo hacer que mis libros están disponibles gratuitamente durante los fines de semana. Parece haber mucha menos competencia en esos días.

Otra consideración es que si su libro está participando en KDP Select, no puede ofrecerlo para su venta en formato electrónico en ningún otro sitio web. Esto significa específicamente que no puede subirlo en formato Nook de Barnes & Noble. Tenga esto en cuenta cuando tome su decisión final.

Conclusión

¡Bien! ¡Ha conseguido llegar al final! Si ha llegado hasta aquí,
debería ya tener un plan para ganar dinero que esté
implementado paso a paso. Siga avanzando, ¡usted puede
conseguirlo! Al principio de un plan o proyecto, las cosas que
necesitan ocurrir pueden parecen inalcanzables, pero si lleva a
cabo alguna acción cada día (no importa si la acción es
pequeña), un día descubrirá que tiene el negocio con el que
soñó cuando comenzó esta guía.

Vuelva al capítulo sobre Su Plan de Ingresos y revise su matriz
de ingresos ahora que tiene muchas ideas nuevas. ¡Complete su
matriz, cree su lista de pasos a realizar y comience hoy mismo
su negocio! Luego siga avanzando, paso a paso, lleve a cabo
alguna acción y haga realidad su sueño de ganar dinero desde
casa - ¡y teniendo niños!

www.ingramcontent.com/pod-product-compliance
Lightning Source LLC
Chambersburg PA
CBHW071428170526
45165CB00001B/447